난 늘 첫사랑만 해요

시인의일요일시집 **037**

난 늘 첫사랑만 해요

초판 1쇄 펴냄 2025년 8월 25일

지은이 김광명
펴낸이 김경희
펴낸곳 시인의일요일

표지·본문디자인 이율디자인
경영지원 양정열

출판등록 제2021-000085호
주   소 경기도 용인시 기흥구 연원로42번길 2
전   화 031-890-2004
팩   스 031-890-2005
전자우편 sundaypoet@naver.com
블 로 그 https://blog.naver.com/sundaypoet

ISBN 979-11-92732-29-9(03810)

값 12,000원

대전문화재단

* 이 사업은 대전광역시,(재)대전문화재단에서 사업비 일부를 지원 받았습니다

난 늘 첫사랑만 해요

김광명 시집

| 시인의 말 |

시를 쓰는 매 순간
후회를 치료하는 약이 발명되었다

차 례

1부 새가 쪼아먹었으면 좋겠어, 내가 버린 내 심장

드로잉, 앨리스 ……… 12
세 번째로, 같은 길을 지나쳤다 ……… 15
매그놀리아 하우스 ……… 18
저글러 수열 ……… 20
인기척 ……… 24
세에라자드 ……… 26
알코올램프 ……… 28
허밍 ……… 30
짖지 않게 해주세요 ……… 32
오늘의 날씨는 다 맞는 게 아니었어 ……… 34
회전목마 ……… 36
남은 방은 1개인데 ……… 39

2부 여긴 진짜 자제를 못하겠어, 생각도 없이
    나 아직도 이야기 하는 거야?

제브리나, 재즈, 가이드북 ……… 44
키모토아 엑시구아 ……… 46
망고의 초대 ……… 48
콜 ……… 50
진짜 거짓말 ……… 52
파운드 푸티지 ……… 55
글래스비치 ……… 58
이스터 에그 ……… 60
가문 ……… 64
행인들 ……… 66
결정 ……… 68
노이즈 캔슬링이 필요해 ……… 70
원숭이 손은 약손 ……… 72

3부 엄마는 처음이었던 적 없어?

다운사이징 ……… 76
혼잣말; 종이를 반으로 열 번 접으면 천계의 문이
열린다 ……… 78
DIY 사이프러스 관 짜기 ……… 80
빈 ……… 82
뷰파인더 ……… 84
봄날, 36.8MHz ……… 86
10시입니다 당신의 아이들은 지금 어디에 있나요 ……… 88
논현동 ……… 90
악수의 형식 ……… 92
노랑 구역 ……… 94

4부 아키비스트 성냥 UK

열린 결말을 좋아합니다 ……… 98
당신과 나 사이에 모노드라마가 펼쳐진다 ……… 100
우리가 어울릴 가능성에 대해 ……… 103
호두나무 휴게소 ……… 106
호루라기 부는 사람 ……… 108
반지하 ……… 110
출발 2056 ……… 112
이직한 회사에는 텃새가 산다 ……… 114

해설 ········ 117

세상과 맞서는 시원한 상상 | 최은묵(시인)

1부

새가 쪼아먹었으면 좋겠어,
내가 버린 내 심장

드로잉, 앨리스

1
태어나면서 알았어
세상은 내가 발명한다는 것을
돋아나는 귀를 자르며 뛰어다니는 당나귀와 등으로 기는 강물과 초침만 도는 시계탑과 퇴근하지 않는 한낮

2
3월에는 붉은 열매가 하늘을 덮었지
봄이 누군가에게는 추억이겠지만 내겐 한번쯤 날 쌍년이라 불렀던 사람들이 살고 있는 계절
이상한 나라를 거부하는 사람들이 앞만 보고 걸을 때 욕을 먹는 나는 자란다 다 자라면 손톱 때만큼 작다
작아도 토끼굴에 들어가려면 서걱서걱 소리가 나는 망막이 어울리겠지

3
고양이가 사는 나무에는 잎이 달리지 않네
가지 사이로 노란 새들이 배를 부풀려 날고

지저귐에 맞춰 나를 물어뜯는
고양이는 혀가 뾰족한 해부학자

4
오늘은 지하철을 타고 칭찬을 먹으러 왔지 심술 가득한 미나리들이 눈폭풍처럼 휘몰아치네
어쩌면 세상은 하나같이 들통난 거짓말 같을까
나는 날마다 미술관에 가고 싶고 생트 빅투아르에 가서 할머니가 되고 싶어 손톱을 깨물 때 물감처럼 내가 번지면 좋겠어
지금은 살아서 지옥을 스케치하는 시절

5
이마를 짚으려고 키가 자랐지 하얀 프릴이 달린 앞치마를 두르고
너무 자라면 북극에 닿을까 무서워
자른 머리통을 품에 안고 「밀과 보리가 자라네」를 불러 주었지

6
난 미끄럼틀이 좋아
떨어져도 즐겁잖아

걱정 마 페티코트를 걸친 꼬마 아가씨

우린 모두
새소리에 찢어진 구두 한 짝

하늘엔 쪼아먹다 만 붉은 열매들, 지상엔 내가 돌아갈 집이 모래처럼 널려 있지

* 앨리스 증후군: 우리의 시공간은 삐삐 나일론 스타킹, 울렁울렁 게보린의 시간.

세 번째로, 같은 길을 지나쳤다

나는 도착지를 과거에 두고 다니는 사람이다

어떤 걸 가질래? 프랑스식 발음으로, 3초 동안 뜨겁고 30분 동안 식어버리는 땀의 서쪽

나는 이정표 사이로 헤엄치는 방법을 안다 건물을 동공 속에 넣고 뭉그러뜨리는 수식도
길은 하나의 이미지다 샐러드처럼 알록달록하다 나는 서 있다 서 있으면서 움직인다 흩어져도 아무렇지 않은 사람이라서

오늘은 완벽해, 선언문을 들고 나서면 항상 처음 가는 길
누나 동생 이모 아버지 형과 내가 사는 동네
지도를 끌어당기면 딱 그만큼 어색해지거나 울고 싶어진다 매일 주저앉기 좋은 길 아빠가 가르쳐 주는 길은 틀린 것 같고

어딘지도 모르고 자꾸 가면서 방향을 풀어 놓는다

헤매는 것에도 영사 기능이 있다 서치라이트를 따라 걷는 원형 방황이다 출발점은 도착점이다 보풀을 일으키는 기억이 건물을 바꾼다 분명 왔던 곳인데 새로운 곳
　내게는 거울에 비친 달력을 추상화로 보는 능력이 있지만

3시 방향에선 시계만 똑딱거린다 머릿속을 유괴해 바깥에 꺼내놓는다
　보이지 않는 길을 잡아당기면 부에노스아이레스공항 교회 기차역 스케이트장 오락실까지 따라 나온다 찾아가는 일은 되지 않는 일을 되게 하는 기적이다

　왠지 예감이 좋으면, 모르는 길이다
　다 온 것 같은데
　지상에 온 사람들은 저마다 제 앞으로 오줌을 갈기며 산다

　모든 퇴근은 막다른 골목, 나는 낮에 갔던 곳을 밤에는 찾아가지 못한다

누가 어떤 이유로
구두들을 데려왔는지 왼발, 춤을 추며 왼발

다리는 움직이기 위해 태어난다
뒤축 사라진 피아졸라 풍으로
길을 잃어버리는 것

매그놀리아* 하우스

우린 친구예요, 작은 창을 사이에 두고
나무는 고민이 많고 나는 시간이 많아요
아침마다 물을 주지만 피지 않는 목련도 이유가 있대요
서른 언저리에 죽을 거라고
열두 장의 유서를 준비하고 봄마다 수의를 쟁여요
나는 나무 걱정으로 죽지도 못해요
목련은 수다를 싫어하고요
장기수로 살다 간 그의 애인은 할 말이 없어 돌아오지 않아요
그림자로 채우기 쉬운 벽, 그늘로 치장하기 좋은 모퉁이라
우린 넘치지만 않으면 적당하다고 말해요
봄이 지나고 나면 창문에 각질이 일어나고
손 없는 날은 발 없는 사람과 살고 싶어요
아기는 살짝 신 벗어 놓고 꼬까신 노래를 부르는 입술로
미친년, 쪄 죽을 년, 얼어 죽을 년처럼
쥐 소 호랑이 토끼 날마다 한 마리씩 잡아먹어요
목련나무는 바나나 껍질처럼 죽고 싶대요

산수유 향기를 덮고 무덤인 척하는 나무
징그러운 목련나무,
죽는다 죽는다 하면서 백 살 넘게 살 수도 있대요
벌과 나비가 출현하기 전 백악기부터 그랬대요
이봐요, 이건 그냥 버려야 하는 시간이에요
감정 있으면 말로 해요

* 목련, 폴 토머스 앤더슨 감독의 3시간 짜리 우울.

저글러 수열*

스무 살의 포트폴리오에는 팔이 많은 우리가 등장한다
침대 위의 두 사람은 손이 많다 가지고 놀 것도 많다

케이크와 맥주가 앞에 있을 땐 무얼 먼저 받아야 할까
뜀뛰기는 제가 대통령보다 낫습니다
텔레비전에선 왜 남들 이야기만 나오는 걸까

시간을 빼앗긴 사람들은 바빠서 그런 게 아니라 어른이라
그런 것이다 마지막으로 방탈출 놀이를 했고 수신호도 없이
칭찬 스티커를 받을 나이가 되었다

걸음의 폭이 좁아지고

다시 손이 여러 개다
A와 C와 수영 선생님의 손을 다 모으지만
손에서 리본 하나라도 떨어지면 지구가 깨질 것 같다
손을 어디 두어야 할지 모르는 순간을 당황이라고 부르지만

중력에 끌리는 것은 공중에 있는 것보다 안정적이다

곤란할 땐 옆집 남자 핑계를 댄다
스페인 여자가 찾아와 아들이 생겼다고 했다 그는 이제 마흔, 있는 지도 몰랐던 아들을 넘겨받았다 어쩔 수 없이 내게도 새로운 남자를 돌봐야 하는 일이 생기는 게 당연하다고

우리가 서로에게 친절하면 좋은 일이 생길까
A와 C는 수영 선생님과 다름이 없다
너무 가볍지도 크지도 작지도 않은 겸손한 마음들

나는 반드시 두 개 이상의 전화번호로 오빠와 자기와 당신을 교차시키고
무릎, 발, 팔꿈치에 어울리는 여러 개의 모자를 선물받는다
처음으로 시가 박스를 날려 보낸 날은 후련했다

공중에 머무는 기분은 언젠가는 내려오기 위한 것
포물선을 그린다
길 잃은 의사들을 낳는 꿈같지 않니?

그림 속 여자가 공을 줍는 들판
상상하지 말고, 상냥하게 배신하세요

손맛에 쩍쩍 달라붙는 공들이 있다
달아나지 못하도록
서로의 머릿속으로 들어가 입으로 나오기

8월의 어디쯤에 겨울이 닿은 걸까
공의 표면을 돌리는 손들은
날고 있지만 새처럼 노래 부르지 못한다

비밀이 많은 내 손은 너무 빨리 늙어 버렸다 불을 껐을 때
내 소망은, 스무 살 사체의 프로파일러가 되는 것
  애인과 그전 애인과 언제 연애했는지 기억이 나지 않는 애

인들이 돌고 있다

 어떤 저글링이든 마무리할 때는 페로몬에 절인 퀸 사이즈 미소를 관객에게 서비스할 것

* 작은 수부터 큰 수까지 증감을 반복하다가 끝나는 수열. 마지막은 1로 끝날 것이라고 예상하지만 아직 아무도 증명하지 못함.

인기척

세상에서 멀리 떨어진 벽난로 앞에 선다
2만 5천 년 전의 얼룩 혹은 음소거한 소녀
뒤축을 지우고 돌아가면 11시 바깥에 있는 기분이다
사람도 아닌데 붕대를 감은 표정
바닥을 톡톡 건드리는 검지와 중지
의심할 여지없이 나는 창백할 것이다

  벽난로를 오래 보면 증발할 것만 같다
  태워야 할 게 많거나 밑그림이 복잡한 사연이라면 수국 한 송이나 제비꽃 한 잎부터 밀어 넣어야 할까
  난 유명인 중에선 나비족*이 제일 좋다 증명할 수 없는 숨결도 사람을 아프게 할 수 있을까
  멀어진 기분이 더 먼 곳에서 타오르면 소녀는 혀를 뽑아 실패에 감는다
  상상이 곧 나를 죽일 것이다

  불꽃의 머리카락이 하얗게 세기 전에
  백 년 동안 웨딩드레스를 입고 조문을 읽을 것

내가 없을 가능성이 좋아서
유리창에 비친 모습을 외면할 것

너도 살짝 가려진 걸 좋아하는구나 나도 설레는 걸 좋아해
상상은 나보다 나를 더 잘 알고 있다
나의 어깨엔 비행기가 추락한 자국이 있다

그을음 속에서
허물 냄새가 난다

한 번도 내게서 눈길을 뗀 적이 없다
달그락거리는 소리가 들린다

* 영화 「아바타」 속 종족.

세에라자드

옛날에,로 시작하면 아슬아슬하다 넌 어떤 목소리를 가졌니 돌봐줄게 아가씨야 무책임하지 않게 너를 건든다 떠미는지 쓰다듬는지

네가 사라진다 일주일 후의 사막에 서있다 발목을 잘라버리는 방식으로 끝맺는 너 머리통을 접시에 올리는 방식으로 살아나는 너 없는 얼굴로 입술을 잘근거린다 살려달라고 말한 적 없어서 살려주고 싶다

금방 보고도 오랜만이야 하는 사이, 꿈답다 꿈많은 아이들이 모래에 코를 박는다 자라면서 부르카를 쓴다 모래에 쓸려 익사한다 나는 익사자를 수집하는 아가씨를 수집한다 밤마다 첫날밤 낮마다 처형식 무료할 땐 홀딱 벗는 이야기를 듣는다 너도 이제 다 컸구나 가득 차오르는 춤을 추어라 위험해지려면 꽃병처럼 목덜미를 믿어야 한다

사막 아래 날름거리는 웅덩이, 꼬리치는 거야 구불구불한 행인, 레어를 원했지만 미디엄으로 요리된 궁전

거울을 등지고 앉았다 쌍둥이는 연습하지 않아도 닮고 너는 망사를 고쳐 쓴 버전으로 왕림한다 천 일은 잔혹해 혀가 떠내려가는 동안 네가 닳잖아

나는 목 늘어진 양말을 끌어올린다 부르카를 들춘 너는 지그재그로 온다 모래더미에 끌려간다 번지는 사막 찰랑찰랑 스치는 소리 너는 입자라는 것 너는 거물이라는 것 다리 아래 속살을 살펴볼 필요가 있다 사막도 한때는 물의 몸이었다

멈추기 직전에 변해야 한다 한입에 싸 먹으면 안 되는 살덩이 질기다 옛날에, 옛날에, 바그다드에 먼저 도착한 디나르자드가 너를 질겅거리고 있다 천하룻날 밤에

알코올램프

밤 1시를 피우면 몽롱한 멜로디가 들려요 기둥에 가려진 병이 목이 긴 장갑을 벗고 있습니다 투명하게 취한 여인처럼 I'm a fool to want you……

노래는 전주를 지나 젖어가는 건반을 걷고 있군요 주소를 버린 사람이 너무 많아 ……said I'd leave you…… 조심해요 어떤 우울이 찌르고 갈지 몰라요 보드카의 꿈은 전조등을 껐거든요

타오르던 치자꽃을 기억하나요 유리벽을 튀어나온 꽃은 재즈의 향기를 품고 있어요 흔들리는 물로 가득한 그림자, 도돌이표로 버티는 그림자 사이로, 내일의 길이 보이나요 ……I know it's wrong…… 슬프다면 더 슬펐던 순간으로 가서 악보를 떠올려 보세요 당신 성격엔 댐퍼 페달이 어울리네요 ……I'm a fool…… 어둠도 웅크려 울고 싶은 장소가 있지 않겠습니까

어떤 액체는 아무리 마셔도 허기져요

유리창은 온도차를 견딜 뿐입니다

 술병을 들고, 모자를 벗고, 건배를 해요 이제 할렘가의 탁자 위로 떠다녀도 괜찮아요 흐느끼는 연기들이 모여들어 ······fool to want you······ 를 듣습니다 탯줄 같은 이야기입니다 기대고 싶은 음색이 맞나요 행복하게 살았습니다는 믿을 수 있습니까

 홀리데이는 느리게 즐겨야 합니다 여기가 마지막 주점이니까요
 당신이 돌아오지 못하겠지만, 허스키 보이스의 치자꽃이 좋겠습니다

허밍*

multi-measure rest: 가사를 지웠습니다
나비들이 창을 두드립니다
표정 잃은 악보에 리듬을 붙입니다 눈을 감고 뱉는 신음처럼

ritenuto: 목을 늘이면 온음표의 잔상이 끌려갑니다
얼룩진 얼굴로 노래하지 마 남들이 웃어 괜찮아요 대신 살아주는 사람도 없잖아요
혓바닥이 달달한 거니 아니요 농담으로 휘저은 혼잣말은 진담 같지 않나요

rall: 몰래 빠져나가는 세계는 불안합니다
내 바닥은 말라가고 있습니다 뒤집어서 말립니다 볕 좋은 날에는 하루면 바삭거릴까요
자정마다 그림자의 셈여림만 남겠습니다

rit: 배꼽에서 손을 떼고 반음 높은 구두 위에 올라섭니다
나는 맨살로 이음줄을 넘어왔습니다 남과 다른 창법으로 인

기척을 연주합니다

  a tempo: 휘청이는 나비들이 창틀 먼지처럼 가라앉습니다
  소리에도 젖은 지문이 있습니다 말이 없을 땐, 귓속에 고인 서곡이 가장 위험합니다

  rall. molto: 내게는, 가면을 벗어도 얼굴이 없는 비밀이 있습니다
  노래를 여밀 때마다 누군가 옆에 와서 누웠습니다

* 「나비부인」 중 「허밍 코러스」

짖지 않게 해주세요
— 나는 불안해서 살아 있다

　네 이름이 러시아 소설의 주인공이었으면 좋겠어 안나 까레리나처럼 눈 내리는 역에 서 있는, 그 또는 그녀의 가계도에 쓰일 이름, 하나의 몸통으로 여러 개의 꼬리를 기른 알렉세이, 알렉세이 표도르비치, 알료사, 료사, 알료시카처럼

　너는 항상 노매드, 너의 동공에서 낙타가 날아올랐어 네가 나를 위해 게르를 세운 적이 없으니 나도 너를 위해 솔체꽃을 준비할 필요가 없지 밤마다 난로를 피우는 사막에 나를 방목하면 좋겠구나

　너의 이야기를 따라온 바퀴벌레가 하이힐을 물고 가는 걸 봤어 나는 첼로 소리로 올라탔지 놀란 건 아니야 넌 그저 여권이 없는 이국인 다중 국적자 혹은 에일리언 어떤 말로 날아다녀도 발목 잘린 오른 다리를 끌며 몸을 흔들기 일쑤인

　상상 속의 너는 임상실습 교육을 받는 걸까 이따금 온몸이 굳어버리는 나를 돌보지 나는 너무 얌전해 다루기 힘든 환자, 똥 냄새를 풍기는 모르모트, 성기를 어쩌지 못해 떨고

있는 X 염색체 군락지, 너는 메스에 피를 숨긴 채 실밥을 매듭짓지

  너는 눈 흰자위, 흑백 사진들, 손님 없는 카페, 주문과 동시에 녹는 대낮의 골목, 무성 자막의 도시…… 쪼그려 앉은 자세로 외우는 괜찮은 것들의 가면

  너랑 같이 진공 목소리를 나눠 마실까 코르크를 한 움큼 토해버릴까 꿈틀거리는 코르티솔
  카페 앞에 버려진 헬륨풍선만 한 파트라슈

오늘의 날씨는 다 맞는 게 아니었어

몸에 일기예보를 심고 싶은 밤이다
나는 한때 불안정한 대기처럼 흘러 다녔지만 자리에 누우면 대문 앞을 서성이는 발자국 같다

그늘이 좋지만 추운 건 싫다 시력은 좋은데 시점은 틀렸고 당신과 또 새로운 당신은 번개처럼 싱싱하다 물어뜯긴 표정이 다각 거울 속에 있고 만지려고 다가가면 누군지 모를 것 같은

내가 당신을 미워하지 않는다는 보장이 없다
무심한 척 송곳니를 갈고 다듬고
통계적 데이터는, 낮 동안 90% 맑음
이후론 가끔 미소 때때로 덤덤하고 첫날밤 소식은 없겠습니다

고장나지 않은 곳은 여행지가 아니다

샤워기가 고장난 욕조에서 눈 감으면 이틀 후의 날씨처럼

느껴진다 더는 빗속으로 돌아가지 못할 것 같은
　꿈에선 왜 면사포가 없고 수의만 있을까 꽃 무더기, 부의금 무더기, 신발 무더기, 죽고 싶어 매일 죽는 사람들의 해피 엔딩

　주식이나 살 걸 그랬어, 혼잣말이 잡음처럼 끼어드는 일기예보가 그치자 죽은 날씨들의 뼈대만 남았다

　뼈에는 상처가 남지 않는다

회전목마

이번 생은 둥둥 떠다니는 것 같습니다
휘파람을 불면 물결 모양 초대장이 펼쳐지지요
우린 얼마나 매끄럽게 중독된 걸까요

나는 왕자와 공주 이야기의 결말만 좋아합니다
레드 카펫이 깔리면 목마가 달리기 시작하고
우리는 경쾌한 댄스곡으로 갈아입습니다

3번 조랑말에 앉아 생각합니다 이번 리뷰는 협찬을 받았다고 써야겠습니다
2번 얼룩말은 마감이 임박했습니다 우리는 한정 판매일수록 신나는 모험을 합니다

초초하게,
반복적으로,
나는,
처음 보는 목마에게 빠짐없이 인사를 합니다 사은품을 보내주겠다고 약속하면 아이처럼 잘 놀았다고 후기를 쓰겠습

니다

  타임세일하는 갈기는 주문 폭주로 휘날립니다 품절된 유니콘은 언제 재입고 될까요

  신상품은 항상 잔액이 부족합니다
  지금 타고 있는 목마는 꼬리가 몽땅합니다 엉덩이가 탄탄한 1번 얼룩말로 갈아탈 수 있을까요 내 발은 구매 충동으로 동동 구르고 두 손은 앞으로 뻗습니다

  건너편 백마에 앉은 당신에게 묻습니다
  어디로 달리고 있나요 보석 박힌 경주마를 타봤나요

  나는 네 번만 더 목마를 갈아타면 여왕 등급이 됩니다
  환상이 없는 사람들을 위해 놀이 궁전 휴무일을 없애주세요

  정신줄을 놓은 나는 3번 조랑말의 쇠기둥을 놓고 5번 쌍둥이 목마의 귀를 쓰다듬습니다 근육질의 허벅지로 유혹하

는 말들이 쇼핑몰을 달립니다

전화벨이 끝없이 울리고 있습니다

남은 방은 1개인데

 # 24시간 내에 10명이 이 방을 조회했습니다

점 보는 고양이 포모*
놓치기 싫어서 전화 걸지 않았어 저녁 약속을 잊기로 했어
혹시 나를 떠날까 봐 떠나기 전에 나를 사랑할까 봐
점괘를 읽기 전에 해설부터 뒤지는 건 나의 장기
카드놀이에서 수레바퀴를 뽑을 일은 없어
모든 저주에는 약간의 스포일러가 포함되어 있지

정직한 자세
새로운 것은 완벽한 몸매를 가졌지 요즘 트렌드는 휘어진 몸
PPL이 많아질수록 구부러진 몸을 체험한다 너는 S자 나는 ㄹ자
네게만 밝힐 게 떨림은 유행을 이해하는 거야
이 거울은 지나치게 정직하다니까

드럼과 별나라는 터지는 중

휴일에는 폭죽놀이를 하자 폭약을 먹기 전에 익사하기 전에 터지기 전에 내가 드디어 번식할 수 있는지 확인해야지 길고양이는 준비된 노래를 부르는 게 좋겠어 나를 투자하고 가치 있는 춤을 춰야지 두근거림도 계획해야 파티장이지

입장료는 민주주의의 꽃

자유가 옳다 계급 없는 사회를 만들자 문턱을 낮출수록 문에 걸려 넘어지는 사람이 많아지네 어제는 65세 아가씨가 대리모를 써서 20대 애인의 아이를 잉태했다지 수태고지가 공지에 떴어 우리의 유대감은 랍비의 쿠폰인지 마고할미가 쏜 건지 라파엘이 찔러준 건지 모르겠어 새로운 낙태 방법을 찾아 줘 황금 대문 앞에 배송된 이불은 푸른 리넨으로

민달팽이 껍데기

늙은 아빠에겐 세금 감면이 필요해 우울증 장기보유 특별사면이 어때? 아빠와 본적이 같은 반려 캥거루도 20년째 만삭이야 우리집엔 루이뷔통도 이브 생로랑도 넉넉하지만 나

뉘 먹을 것이 부족해 아빠를 어느 도시에 팔아야 하지? 물기 하나 없이 고령에 이른 가야의 후손들은 대도시에 살고 있어

   # 창틀에서 바라보자
   울지 마
   엄마 어디 안 가 서프라이즈에 갇혔거든
   수영장 바닥으로 천천히 가라앉는 명란 스파게티처럼

   * 포모(FOMO)

2부

여긴 진짜 자제를 못하겠어, 생각도 없이 나 아직도 이야기하는 거야?

제브리나, 재즈, 가이드북

그늘 굽는 냄새입니다 생각이 없어도 자라는 것이죠 식민지 줄무늬 비음이라고 부를 수 있으며 번역기에 돌린 말투, 손목을 그을 때 아메바를 닮았습니다

교대병입니다 원본을 찢은 후에야 발굴됩니다 정해는 미장원에 다녀와서 실종되었습니다 사촌은 나르키소스를 세척하고 말기 환자를 뱉는군요 퉤퉤, 자극입니다 반응입니다 샘소나이트를 버리고 몸을 섞었습니다 대회에서 떨어진 문장을 어릿광대의 고환과 교환했습니다

생물Ⅱ는 방학마다 인원 미달입니다 먼지다듬이와 배밀이와 프랜차이즈는 하교 후에 번성합니다 생물학자가 가야 할 여행지 같은 건 없습니다 가고 싶은 방향을 알려주는 잭 스패로의 나침반은 처음부터 고장난 제품입니다

맹아는 작습니다 정자를 피해 도망가는 난자처럼 현미경으로 관찰할 수 있는 크기예요 친척들은 아기집의 세포 숫자를 세어보래요 예술을 모르는 나는 셀 수가 없어요 옆구

리와 생식기는 뭐가 다른가요

 소동입니다 연주용 잭을 뽑으면 재즈의 의미가 달라집니다 소리는 얼룩진 마스카라를 숭배합니다 고개 너머는 그림자의 국경입니다 몽타주인가요? 살짝 만지게 해 주면 더 좋고

 분더카머입니다 번지는 관절, 동어반복은 자주색입니다 숫자와 대가리와 주둥이는 찢어지며 자랍니다 뒈져라 꺼꾸러져라는 사납지만 사교성에 이바지합니다 2022년 6월생 출입국관리소입니다

 천장에 매달리지 말고 걸어야 합니다 죽어라 도망쳐서 죽었습니다 제기랄 우라질 빌어먹을 투신은 감탄사가 되었습니다 유연해진 손끝에서 혈거인이 자랍니다
 곧 어두워집니다 그때 후회해도 괜찮습니다

키모토아 엑시구아

사생활이죠 난 늘 첫사랑만 해요

여행가방도 없이 오빠를 찾아왔어요 입술에 야광 립스틱을 바르고 거짓말을 할 거예요 코끝과 아이스크림과 그 밖의 것을 핥으려고 왔어요

오빠 입속에 빨대를 꽂아요 조금씩 혀를 빨아먹어요 남들은 모르지만 이제 혀는 없어요

오빠 비타민도 먹어 봐

오빠가 진짜 죽는 건 무서워요 혀를 다 먹고 혀처럼 헌신해요 생고기를 준비하고 디저트도 챙기면서 난 항상 오빠 목소리로 말해요

걱정 마 혀는 사라져도 또 생기는 거야

의심 많은 오빠가 입을 벌리고 거울을 봐요 난 입맛에 딱

맞게 꼬드겨요 나는 오빠 혀니까

  우린 말놀림이 가벼울수록 유익한 사이죠 착착 들러붙는 천장과 바닥 사이, 우리의 대화가 기생해요
  가끔 찾아오는 친구가 아이 아빠로 변할 때까지 셋이 같이 먹고 자요 여러 개의 약속이 하나의 혀로 바뀔 때까지

  가족이 가족을 잡아먹는다는 소문이 돌면 옷장을 뒤져 프릴이 가득한 옷을 찾아 입어요 유부남을 만나면 안 되나요 안아본 적도 없으면서 나를 아는 척하는 옆집 아저씨 입속이 궁금한 걸요

  생활이죠 나는 가끔 삐삐머리를 손가락으로 꼬며 첫사랑의 달인이 되곤 해요

망고의 초대

날로 먹기 좋아요 섹시한 망고
달콤한 몸 냄새
누를 때 부드러운

망고는 망고를 벗겨요, 다정한 망고끼리 화면을 넘기지요

입이 가벼운 내 친구는 얼마나 잘 까지는 걸까요 썸타기와 밀당 사이 알코올 냄새가 나요 끈적이는 입술을 핸드백에 감추는 일, 처음 스친 망고에게 사랑을 말하는 일, 매일 새로운 맛으로 출근하는 인플루언서

지겨운 껍질은 지옥에나 가라죠 친구를 이해하려면, 아물지 않은 살갗 속으로 들어가야 해요 음영 짙은 화장을 하고, 할퀸 상처에는 비타민과 카로틴이 듬뿍
우리는 글래스고 스마일로 마주 보지요 고해소 앞에서

나는 착한 사람이니까 좋은 약이 있으면 꼭 나눠먹어요
대화는 언제나 접속 대기, 기다리면 빈 의자가 찾아오겠죠

바비 의상이 어울릴까요
고백하자면 우리는 이미 열네 살에 서로에게 살해당했어요

한 무리의 새들이 날아와 가랜드가 되었다
물컹,
나랑 닮은 내가 더워지고 있다

썩지 않는 모형 마을에, 썩어 가는 망고가 날마다 배달되었다

콜

낯설어서 다정한 언니가 온다 원하지 않았던
혓바닥은 달콤한 근친, 슬립만 입은 언니가 내 귀를 주무른다

주인공으로 만들어 줄게
왈츠를 주문하고 싶어요
그렇게 순진하게 말하면 안돼 널 알아야 도와줄 수 있어
난 겨우 하룻밤만 머물 호텔이 필요한 걸요
안 된다는 생각은 하지 마 폭설이 내리기 전 사랑을 나누자 서로 껴안으면 외롭지 않을 거야

우리는 수많은 잎을 틔운다

내 귀는 익어간다

전화가 왔어 어떤 년이 널 죽인대
나 몰래 번지고 있는 언니, 일 초마다 주소를 바꾸는 언니, 랄랄라 뾰족구두를 신은 언니

언니는 붉은 루주를 발랐어요 하나, 미영, 리타 윌리엄스…… 이름이 많은 언니는 간호사가 아니에요 선생님인 줄 알았는데 샤먼이에요 나만 사랑하는 건 아니지만 언니는 너무 예뻐요

우리는 위험한 창틀에 앉아 레퀴엠을 허밍한다
언니는 날마다 고기를 갈고
나는 살과 기름을 조금씩 떼고
부엌창으로 보이는 건물 광고판에 또 다른 내가 있다

난 겨우 하룻밤만 머물 호텔이 필요한 걸요

진짜 거짓말

우린 드라마를 보고 있어요

피노키오는 65번 채널의 아침, 당나귀 귀와 꼬리가 달린 커피타임, 세계로 수출하는 K……
　오늘은 거짓말을 하지 않을 거래요 여우와 고양이처럼 속 보이는 인간이 된다고 했어요

피노키오는 코가 긴 게 어울려요 코는 자라나 잔가지를 치죠 가지 끝에는 꽃이 피고요
　삼십 분 만에 시드는 꽃은 감질나요

유혹을 좋아해요 피노키오는 아이를 낳고 싶어 주인공이 되었대요 제페토 할아버지가 접지한 목소리로
　봐요 거짓말은 배가 불러요 금방 인간을 낳을 거 같아요

얘야 거짓말은 금방 들통난단다 거짓말에는 두 종류가 있어 다리가 짧아지는 거짓말과 코가 길어지는 거짓말 *

사람들은 코가 기다란 가족을 볼 때 행복을 상상하는 걸까요 막장 드라마의 다음 회는 너무 느리게 오지요
　톱밥에도 망치에도 꽃이 피겠죠 거짓말처럼, 15초마다 끼어드는 PPL처럼

　피노키오는 진심이 살아있는 이야기

　외모도 배역도 완벽한 피노키오,
　아빠를 할아버지라고 부르는 피노키오, 피노키오를 낳은 피노키오

　간절하게 아부하는 것은 이루어질 거예요 제페토 할아버지

　코는 그냥 설정이에요 코가 길어 할 수 없이 거짓말해요 거짓말할 때마다 늘어나는 코는 너무 뻔한 얘기잖아요 시청률이 코처럼 자랄 때
　새파란 떡갈나무 새빨간 떡갈나무 샛노란 떡갈나무……

꽃이 피어요 이번 코는 총천연색이라 재방송이 될 거래요

 아빠, 아빠는 어제 겨우 엄마가 낳았잖아요 채널 좀 그만 돌려요

* 동화 속 요정이 하는 말.

파운드 푸티지*

사라지는 사람이 아니라 카메라가 주인공인 걸까

원하는 거 다 보여주고 싶어도
몰라, 누가 시작한 이야기인지

죽기 전까지 내가 흔들려야 한다는 것만 알아

난 소리 지르는 사람들이 더 미스터리해
맞아 리얼리즘이야 흉터에 대해 인터뷰하는 사람들은 대부분 깊은 병을 알지 못하지
모르는 이야기일수록 미신과 숫자를 버무려 말해

죽은 사람이 나타나고 이름조차 모르는 애인이 지나가고
사건이 되는 거야 우리가 아닌 사람들로

내 시간은 야간 투시 모드야 손전등을 들고 태어났지 면도날 스치는 소리 혹시 들었니?

나는 이 내용과 상관이 없어요

어제는 대본보다 애드리브가 많았어

설정이니까요

뒤늦게 도착한 경찰은 이마를 찌푸리는 게 직업
사과하지 않을 거야 실제 상황이니까

웃었어
한쪽 눈알이 빠진 미소는 5분이나 중계되기도 했지
나는 출생과 동시에 빙빙 도는 죽음에 올라탄 건지도 몰라

 원하는 건 다 해주고 싶어 누런 치아를 지닌 산책자에게,
의문형만 남긴 일기장에게, 바닥에 떨어져 버린 금 간 시점
에게

탈진한 숨소리와 기다림이 발견되었지 산 사람과 죽은 사람

도 없이
 둘러보지 마 범인은, 나는, 당신은,

 등 뒤엔 언제나 반전이 있었으니까

* found footage.

글래스비치

애인이랑 자고 일어나면 집 나갔던 엄마가 돌아왔다
손 하나 발 하나 머리 반쪽이 찢겨나가 아름다운

나누는 삶이 좋은 건 저도 알아요
쪼개질수록 반짝이죠 엄마는 칼 맞은 적 있나요

묻지 않기로 했잖아 큰물에서 놀다 왔단다 낯선 뼈들과 어울릴 때 해초들도 춤을 췄지
몸을 갈아 일했지만 잘 된 적은 없었지 가만히 있을 때 솟아오르고, 숨을 몰아쉴 때 바닥으로 돌아왔어 협로를 통과하려고 외투를 벗었지 믿지 못할 만큼 작은 얼굴이 되어야 엄마가 돌아오는 거야

못 가진 자들은 기도가 너무 많아 망할 거예요

파도가 몰려온다 머리를 푼 채 몰려다니는, 엄마는 점점 느려지다가 등을 보이며 뒤집히다가 바람에 몸을 다듬는다
이쁜 사람은 공들여야 태어나고

새알을 품고 자면 바다만 있는 것 같아요 열쇠, 자동차 보닛, 뚜껑 없는 냉장고, 보일러 스프링은 우리보다 작아졌어요 사람들이 구경 와요 부자가 될까요

엄마가 몸을 사리지 않아서 그래 공짜로 이루어지는 건 없어 누구든 필요 없어 죽일 때는 단번에 목을 땄지 저 바다처럼 시원하게

세상에서 엄마 다음으로 사랑하는 애인은, 세 번째 아빠의 장례식에서 만났다 그날 우리는 허리를 비틀어 몸을 섞었다, 쓰레기같이

우리는 내일 아빠 무덤에 가서 해먹을 걸고 놀 거라고 엄마에게 말했다

이스터 에그*

은밀한 것은 속도가 빨라요 게임처럼 즐기면 돼요

어쩌면 이 방은 심심한 조물주가 장난으로 숨겨둔 규칙인지도 몰라
 우린 수많은 사이트를 뒤져 회원제로 입장 가능한 바나나몰에 간다 우리의 부활은 깨진 달걀, 우리는 우리를 위로하기 위해 무엇을 할 수 있나
 두 손 모으고 기도하는 실리콘, 줄기 없이 피어나는 구름, 날개 없는 백합, 모래 속을 헤엄치는 돌고래는 우리의 진동일 뿐

신기하게 가림막 하나 쳤는데 세상이 사라졌어요

우린 우리끼리가 좋아서 새방에 모인다 새방에 우리와 우리의 관음증을 담는다 새방에 갇힌다
 새로운 방이 늘어갈수록 비둘기 오리 까치 독수리 갈매기 메추라기⋯⋯ 컴컴한 서로의 몸을 더듬거리기 시작하면 새새비둘기 새새어치 새새새비둘기 새새새어치 숨기면 숨길

수록 우리는 잘 보인다
　새만 없는 새방이 푸드득, 우리는 아직도 새들을 믿는 걸까

　모른다면 설명서를 잘 읽어보세요

　텔레비전에선 자연인만 재방송되고
　왜 자연인은 빈 곳에만 복사될까 외로워서 자꾸만 이름을 바꾸는 새들처럼, 날개를 화면에 구겨 넣고 문을 닫는 독재자처럼
　성인이라면 누구나
　빈 곳을 채우라고 빈 곳이 생겨난다
　어쩌면 우리는 아프리카에서 인기라는 브래지어 끈처럼 태그가 보여야 잘 사용하는지도 모른다
　날것인 헛기침, 날것인 호기심은 조립식일까

　따뜻할 때 가져가세요 관심은 금방 식거든요

　애인과 헤어진 지 두 달이 지났다면, 상상을 훔칠 때마다

매번 같은 철자가 펄떡거린다면
   바나나몰을 찾는 게 좋다 그곳엔 우리를 기다리는 휘발성 숨소리가 있다
   갓 구운 튤립 하나 배꼽 아래 심는 느낌으로
   '부탁이야' 방에 입장한다

   또 오세요 오실 때마다 얼굴을 뜯어먹어서 누군지 못 알아봤어요

   우린 성인인 걸까 성인은 나쁜 걸까
   19번째 동그라미에 물개박수를 친다
   성인이라는 단어를 빨아들인다
   호기심은 새이름, 용가슴으로 부풀어 오르고
   '정그렇게나온다면' 방까지 도착한다
   우린 얼마나 많은 방들을 즐겨찾기 하며 사는 걸까

   날것일수록 즐겁다니까요 60번 이후 방은 거저에요

바나나몰에는 나눔을 실천하는 방이 참 많다
망사 달걀과 투시 안경을 방마다 새겨두고
웃기지 못하는 몸개그처럼
프로그램이 서툰 조물주의 서프라이즈
또는 악몽처럼

* 작품 속에 재미로 숨겨둔 메시지나 기능은 깨지기 쉽고, 부활절 달걀은 날달걀이 어울린다.

가문

나는 아직 광고되지 않은 제품입니다
유명해지려면 엄마를 닮아야 합니다

엄마의 희망은 고급 시체, 엄마는 너무 고상해서 하품이 안 어울릴지도 모릅니다

늪은 정말 지겹구나

우리가 기도로 구하는 답은 입술만 쩍 벌어진 의문입니다

세상은 충분히 엉망입니다

대부분의 우리에겐 비밀이 많은 가족이 있어 낭만적인 이빨을 감추고 살아갑니다

엄마는 몇 개의 쪼개진 엄마가 되었습니다
늪의 버짐 무늬 같은,
발 잘린 비명 같은,

핏물 오라기가 남아있는,
고급 엄마

늪의 지위를 잊은 엄마는 누군가의 옆구리에서 블랙 에디션 카드만 모으고 있겠죠

엄마를 닮고 싶은 나는 늪을 벗고 도시로 왔습니다

오늘은 쉽게 상하는 살을 버려두고
껍질에만 기대야겠습니다

명문가 악어는 정신적 귀족을 지향합니다

행인들

구멍이라는 말에는 야릇한 냄새가 난다
냄새를 들키지 않으려 고개를 숙이지만 어디에 발원지가 있는지 나도 모른다

잘 모르는 구멍으로 사람들이 들어온다
어디로 가려는지 구멍을 통해 구멍 밖의 구멍을 살피는 이민자들이
나를 벌린다

손등이 거친 남자가 끝을 쥐고 있다
호적 없는 아기가 손가락을 빨다가 호기심에 흔들린다 첫 울음을 운 적이 없는 입술
동생을 닮은 아이는 초콜릿 범벅의 손으로 골목을 찢는다

철들지 않는, 누가 읽어도 자전적인, 폐곡선으로 짜인, 반성이 넘치는, 입구만 보이는

구멍, 떠나려 할수록 벗어나지 못하는 애장터 혹은 놀이터

살려 주세요

주성치나 짐 캐리 미스터 빈처럼 나이가 사라진 할머니가 밥을 먹다가 농담처럼 터진다 삼촌이 시소를 타다가 하늘로 떨어진다

구멍난 가계도에 얼룩으로 남는다 살아서 냄새가 된다

구멍이 커지고 있다

구멍이 구멍을 관통하고 있다

결정

잘린 목을 너덜거리며 혼자 걷는 초록, 발자국 없는 초록, 5월은 무얼 감추기 위해 지느러미를 흔드는 걸까

  벽에 거울을 장식할 거야
  원뿔에 받힌 소가 둥근 피를 흘리는 그림 옆에

  점묘법은 생각보다 훨씬 잔인한 생각들을 담고 있어 난 의사가 되지 못하고 선장이 되지 못하고 전기 기술자가 되지 못하고 디자인이나 자연과학도 하지 못하고 봉준호가 되지 못하고 언니의 친구가 되지 못하고 고등어가 되지 못하고 십자가도 되지 못하고……

  못한다는 게 얼마나 매력적인지 아니? 냉장고를 열고 울어야겠어
  숨길 순 없어 모자이크는 항상 끝에 드러나니까 접시가 물고 가는 숫자를 되살리고 싶어

  Z 염색체를 컵에 넣고 민주주의를 열 번쯤 휘저어

색깔도 유산이 된대
들키지 않는다면 나는 아직 기다릴 수 있어

눈 감을 수도, 뜰 수도 없는 액자 속
초록에 대해, 황금 덫을 쩔렁거리는 발목에 대해
딱 한 번, 이번 생에는 손님처럼

노이즈 캔슬링이 필요해

차폐술이 가능할까요 다중 화자가 넘치는 세상입니다 사람들은 등본에도 없는 친절을 말하지만, 같잖아서 신비로운 청소기, 빻을수록 자라는 발망치, 잔뼈가 소리통인 피아노는 박카스와 경비 아저씨도 막을 수 없습니다

기차가 들어오는 신호를 눈치챘다면 22시입니다 할리갈리를 아세요 원숭이 카드는 인터폰이 없을 때, 코끼리 카드는 초인종이 없을 때 종을 칩니다 돼지 카드를 고르면 무조건 종을 쳐야 합니다 예배당은 없지만 우린 마주치기 전부터 종 친 사이

불안해서 안심이 됩니다 헤비메탈과 러닝머신은 매트에 걸렀습니다 뜸들일수록 파장이 큰 울림입니다 누군가 먼저 떠날 비율은 99:99 토라져도 어쩔 수 없어 살려고 하는 게임이니까 천장과 바닥은 스위치가 달라 흥미롭습니다 당신은 아직도 내 세탁기에서 투구 쓴 린 쿠로사와를 연상합니까

나 불렀니 뒷말했니 넌 배터리가 과열된 성격이구나 이웃

이라고 부르면 주파수가 엉켜 버립니다 조상일까요 잔인하구나 아무나하고 친척이라니 줄기를 찾아가려면 숨바꼭질은 필수이고 튜닝하지 못한 큰 귀는 내력이 됩니다

 몸을 동그랗게 말았습니다 뒤로 공중제비 서른 번 하고 눈 뜨고 자는 당신에게 갔습니다 목도 조를 겸
 쇼스타코비치 재즈 왈츠 2번은 장도리로 깨야 합니다 오대수의 딸은, 너는, 아저씨 사랑해요 아저씨 사랑해요 아저씨……
 역설수면입니다 우린 평행세계에 살고 있습니다 장도리는 눈꺼풀 아래, 눈 내리는 소리, 이제 곧 당신이 사라지겠습니다

원숭이 손*은 약손

마지막 소원이 남았습니다
죽은 자만이 볼 수 있는 방향이 있습니다

너무 큰 선물은 포장지에 담을 수 없습니다
당신 아들은 액자보다 커져 가슴에서 잘렸습니다

행복하게 울던 생일날을 지옥도에 그리셨군요
잠든 이와의 대화는 벽처럼 감싸야 하는데
손가락 잃은 반지에는 기념일을 새겨 넣을 건가요

어제 빌었던 소원은 다 녹았습니다
식사 시간에 늘 늦는 당신 아들은 오늘 말고 내일 죽을 예정입니다
당신은 내일이 오지 말라고 빌 건가요?

여기가 어딘지 아세요?
당신 아내를 삼킨 불꽃이 서성이네요
복권의 숫자와 부고장의 개수가 같아질 때

나는 밥그릇과 작명소가 같은 온도인 줄을 알았어요

실종된 사람을 48시간 안에 못 찾으면 신발장을 비워야 하나요
이석증 같은 사랑 되살아오는 사랑
실종은 사랑의 원인이잖아요

눈을 내리뜨는군요
웃음도 박자에 맞춰야 합니다
한 박자 뒤에 웃는다면 그건 한 박자 빠른 템포이기도 합니다
얻은 것보다 많이 감사해야 하는 기도를 당신은 아시나요

당신은 혼잣말을 삼키는 사람, 말을 참고 있는 스토리텔러입니다
난롯가에 둔 손이 다 탔는지 궁금합니다

자, 이제 세 번째 소원을 말해 보세요

눈바람을 등에 걸친 설인이
안구 없는 신의 머리통을 한 움큼 쥐고 오고 있습니다

* William Wymark Jacobs의 단편 소설.

3부

엄마는 처음이었던 적 없어?

다운사이징

슬픔이 작아져야 뜰 수 있지 않을까
굳은 표정은 날 수 없잖아

무게는 당연한 힘이고
하늘을 날기 위해선 기분을 끌어올려 줘야 해

공기도 힘을 가지고 있어
건달처럼 불규칙하고
종잇장만큼만 반항해도 주먹질을 하지

어깨를 유선형으로 모으고
다리는 천천히 구부리자
떠 있을 때는 뼈에 균형을 잡고

우리는 일상 밖으로 티켓을 내밀고
움츠린 등을 부풀려 떠오르고 있다

작아진다고 잘 나는 건 아니야

무거워도 날 수 있잖아

모형 비행기를 자갈밭에서 이륙시킨다
정오의 허기가 자갈 위로 불어오고
하느님부터 찾아보자, 아빠

구름 위로 승강키를 세운다
소인국 테마파크에선 우리가 거인이듯이

혼잣말; 종이를 반으로 열 번 접으면 천계의 문이 열린다

종이로는 뭐든 가능할 것 같다 나는 눈동자가 길쭉한 염소로 접혔다

세상의 절반은 페이퍼 크래프트로 변했다
신문 기사에서 잘라 낸 구인란과 마분지에서 뜯어낸 장래 희망은 마음에 들지만 주름 우글우글한 골판지로 지은 기분은 아직 어색하다

이면지와 문밖은 한통속

나는 비 내릴 때까지 춤추는 발굽을 가졌고 자를 때마다 자라 나오는 뿔이 있다 사람들은 내 수염을 보고 이국적이라고 말한다

문을 열고 나가면 꾸며낸 세상이다

종이뱀은 한 면만 인쇄된 껍질을 직업이라고 부른다
휘파람으로 제지공장이 돌아간다 물을 뿌리면 뱀은 자란

다 뱀의 프린팅은 얼룩이다

  모눈종이 외투를 3년이나 입었어요
  아무것도 아니야 무늬를 기억하지 마 우린 그저 트레이싱지에 쌓인 페이퍼 토이일 뿐

  어디 가세요 목적지가 어디예요

  배짱이 두툼하면 좋겠다고 생각할수록 얇은 종이를 선택했다
  안쪽으로 접힌 끝선에 베이면 유난히 아팠다

  불가능으로 접힌 포장지에 별점 5점을 누르는 저녁
  염소 혀를 말아 넣는다

  구겨진 종이도 날 수 있다 갱지에 모눈이 지워진 얼굴을 그린다
  오늘 일기는 아껴 두었다 내일 다시 오늘이라고 쓸 수 있다

DIY 사이프러스 관 짜기*

　사원 모양으로 관을 짓습니다

　나무판을 말리는 동안 기도도 잘 말랐습니다 햇살 냄새가 나는 것 같아 성호를 그었지요

　한 번 쓰는 것이라고 함부로 하지 않습니다

　높이를 모르고 자란 사이프러스처럼
　나이도 지베렐린, 시토키닌을 먹었던 걸까요 언젠가는 베어내야 하는 순간이 오겠지요

　사포질한 단면은 사선으로 잘라야 잘 붙습니다 이쪽과 저쪽을 잇대는 방식입니다

　죽음이라는 말은 사이프러스 향기였는지도 모릅니다 관을 짓는 내내 약 냄새를 맡았습니다

　뚜껑을 덮습니다 나무못 끼울 자리에 구멍을 냅니다 쇳소

리만 내던 숨길이 아로마로 메꿔지겠지요
　십자가 대신 장미 문양을 두고 고민도 합니다 창을 열고 얼굴을 볼 수 있는 하늘문관이 어울릴까요

　여행을 떠나는 기분입니다 계획은 있지만 시간을 정하지 않았습니다 혼자 누우면 꽉 차는 사원입니다

　Cupressus sempervirens**
　마지막으로 명패를 붙입니다

　어제보다 한 꺼풀 더 싱싱한, 무덤을 핥습니다

＊ '호주 DIY 관 짜기 클럽'에서 직접 관을 짜는 모습을 보고 생각함.
＊＊ 사이프러스의 어원은 '항상 살아 있는'과 '상록常綠'이다.

빈

슈피텔라우 거리는 구불구불하게 걸어온다
나는 생각을 열고 창이 많은 건물을 세우고
훈데르트바서*의 시간이라고 부른다

직선을 자유롭게 풀어놓으면
불규칙한 패턴으로 넝쿨이 자랄 수도 있겠다

식물이 알을 낳는다면 저런 모양일 거야
갓 태어난 발자국을 따라갈 때 건물들은 말랑해진다

나는 빈이라는 단어에서 새살이 돋는다고 믿는다

정장을 벗어둔 인사말이 곡선으로 걷는 거리
폐지를 빨아들이는 굴뚝이 나뭇잎을 피우고 있다

알록달록한 모퉁이는 새 줄기를 가다듬고
슈피텔라우 소각장을 구경 오는 사람들은
이생과 다음 생을 휘감고 다니겠다, 다시 자라는 기분으로

창문마다 원색의 과일들이 열리고
주황색 쓰레기차가 들어온다

슈피텔라우에는
누군가의 임종을 따뜻하게 만지는 굴뚝이 있다
나는 재 속에서 꿈틀거리는 잎이 벙그는 꿈을 꾼다

나는 밤마다 빈이라는 한 음절을 열고 도시를 짓는다
용트림하는 곡선이 골목을 모으고 있다

* Friedensreich Hundertwasser(1928~2000) 오스트리아 출신의 화가,
건축가, 생태주의자.

뷰파인더

고개 살짝 들어 봐요
머리카락도 좀 올려 봐요
웃어보세요 움직이지 말고요

당신의 지친 두 발을 감추고 정강이를 버리고
한 몸통의 울음을 자르고

반사광으로도 지워지지 않는 표정은 용서에 알맞다

낡은 비로드는 이제 버려요 벨벳 원피스 새로 사줄게
파마도 새로 할 걸 그랬네

김치 말고 치즈 할까?

엄마가 앵글 속으로 얼굴을 구겨 넣는다
칠 벗겨진 꽃 브로치를 달고 멈춰 버린 시간

당신이 아니라 내가 흔들린다

반셔터를 눌러 당신을 붙잡아 둔다
흔들어도 흔들리지 않는
더이상 자르지 않아도 되는, 영정이 웃고 있다

봄날, 36.8MHz

FM대로 하라,는 말을 따라 했다. 일요일마다 등장하는 구관조를 흉내 내면 솔직한 사람이 되는 것 같았다.

우리는 주변인의 이름을 빌려 사연을 보냈다. 여러 개의 비밀번호가 적힌 수첩을 지니고 있었다. 우리의 목소리는 구관조의 것처럼 조금 다른 높낮이를 지녔지만, FM대로 현실감 있게 글을 써 보냈다.

계절이 바뀌었다든가 슬퍼요라고 쓰지 않았다. 오늘 이사 했어요라든가, 동생이 사고를 당해 병원에 있어요라고 쓰면 사연이 소개되었다. 없는 사건과 가족이 만들어졌다.

방송국에서 보내준 초대권으로 첼로와 기타 연주를 들었다. 음악 공연은 그림 전시회보다 살아 있다는 느낌이 들었다. 혼이 담긴 연주보다, 첼로의 현이 뜯어진다든가 연주자가 일어섰을 때 기우뚱하는 것이 더 오래 마음에 남았다.

둘이 같은 IP를 쓰면 걸러졌다. 우리는 장소를 옮겨가며 이야기를 열었다. 더이상 초대권이 오지 않았다. FM대로 아버지의 생일과 할머니의 칠순과 막냇동생의 입대까지, 전부 사용한 까닭에 친척의 죽음까지 번성했다.

구관조의 깃이 검은색인 줄 왜 몰랐을까. 부리가 노랗네. 거짓말같이.

우리는 FM대로 현실로 돌아왔다. 바람이 차다고 커피숍에 가는 대신 베란다를 청소했다. 구관조 노랫소리가 들리면 피는 꽃에 대해 이야기했다.

10시입니다 당신의 아이들은 지금 어디에 있나요*

우리 마지막으로 한 번만 더 헤어지자

햄버거도 라면도 다 먹었다 엄마의 흔적은 누가 먹었나
자판을 두들기는 데는 돈이 필요 없었다
누르고 이해하고 찾아가서 친구가 되고 우리는 밤마다 런던의 시간을 살았다

나가 죽어
엄마는 바깥을 좋아하는 아빠에게 소리쳤다

피부가 시린 홀로그램처럼
나는 몇 분도 안 돼 완벽한 소통을 원한다고 말했다 원하는 느낌만 골라 갖는 완벽
누구도 책임지지 않는대 감정은 완제품이 아니니까 진심은 서비스의 한 분야지

닉네임이라는 또렷한 가면으로
우리는 가능성이 보여주는 불가능에 대해 이야기했다

방향키로 점프해서는 저 파리션을 건너지 못해, 울고 싶
겠지만

우리 한 번만 더 헤어지자
싫증난 친구와 연결된 코드를 뽑을 때
그만 살자, 외치는 아빠가 떠올랐다

내 캐릭터가 죽으면 엄마가 슬퍼할까
아무도 모르는 것 같다, 불 켜진 방에 앉아 화면 속으로
사라진 나를

가족을 구독 취소한다

10시가 재부팅되면 어제와 같은 팝업, 반복 학습처럼 요
구한다
"구독과 좋아요는 사랑입니다"

* 뉴욕 모 방송국의 뉴스 오프닝. 매일 같은 멘트를 반복한다.

논현동

   오래 머물지만 여행 중입니다

   침대도 좋아하고 아이스크림도 좋아합니다 교회에 숨어 들어 죽은 체하는 것도 좋아합니다 눅눅한 침대에 누워 바닥이 온돌이면 덜 아프겠다고 생각했지요 동네 이름이 들어간 간판이나 청보라색 눈동자를 가진 여자들을 찾고 있습니다

   말을 걸지 못해 머뭇거리길 소원합니다 맥그로드 간즈와 피렌체와 옌타이가 공존하는 곳입니다 말벌에 쏘였던 사람은 아직도 사람일까요 아기 무덤이 있는 낮은 언덕에서 친구를 만나 불장난을 했습니다

   저녁 방향에서 헤엄치는 오리너구리를 보았습니다 기념품을 샀습니다 진주조개를 먹고 인사이드 아웃 인형 주문하고, 성형 미인들을 실은 배는 호주를 거쳐 북극해를 운항 중입니다

수영장이 있는 곳을 원하시나요? 호텔 매니저는 매번 질문합니다 아닙니다 여긴 호텔이 아니잖아요 맛집과 볼거리로 가득한 동영상을 좀 치워봐요 나시고렝 미고렝 타코를 먹고 싶습니다 은빛 수염을 땋은 홍차 가게 주인이 홍보하던 탄두리 치킨이 생각납니다

　주차 자리를 찾느라고 실랑이하는 골목길
　저기와 여기 사이 나는 떠돌고 있습니다

　멸치육수 소면도 좋아하고 평양식 냉면도 좋습니다 침대보다 길게 나온 발을 뻗어 걷고 있습니다
　에르메스를 맬 수 있는 휴양지는 아닐지도 모릅니다 내 경로는 어디서부터 이탈했는지 알 수 없으니까요

　예전에 논이 많은 고개였다고 합니다

악수의 형식

양보가 반칙이 되는 이야기입니다
승리는 간단합니다 맞지 않고 많이 때리기

붕대를 손에 감는 장면이 클로즈업되고 있습니다

검, 활, 독침, 동물의 이빨, 곤충과 식물의 촉수,
어떤 무기도 가지지 않았다는 것을 보여주기 위해
맨몸으로 다가섭니다
더 이상 보여줄 것이 없을 때까지 잽, 잽, 잽
불안이 분해될 때까지 훅, 훅

마우스피스를 꽉 물고 팽팽하게 부풀어 오르는 복서는
일그러진 표정도 웃음이라는 걸 학습합니다
통증과 함께 파고드는 한 방의 기회

당신이 주먹을 뻗어 흉내 냅니다
얼굴도 단련이 되나 봐
중계를 보던 내가 시선을 돌리고

누군가 봐주지 않으면 자존심 상하는 날도 있어
당신이 말합니다
이런 말은 항상 안쪽에 문이 있습니다

곧, 함성이 위아래를 흔들 것입니다 데워진 체온이 구름처럼 교환되고

껴안은 몸이 서로의 바닥이 됩니다
밧줄에 의지해 서로 진동하는 풍경
우리는 클린치의 이점에 대해 자세하게 기록하기 시작했습니다

흔들림이 멈추자
당신의 바닥과 나의 바닥이 폼페이 유적처럼 끌어안고 있습니다
우리가 동점을 이룬 결승전의 일입니다

노랑 구역

　-프롤로그
　지역감정이라고 부르진 않았지만 우린 모두 염색이 오래가는 미용실을 좋아했다

　-비슷한 노랑
　횡단보도는 점멸이다
　파란불을 기다리는 누구도 노랑을 벗어나지 않는다
　우린 모두 젠더 구별 없는 커플이었다

　-진화하는 노랑
　그림자가 커지고 노랑이 더 짙어진다
　작은 점이 뭉쳐 세이렌으로 변하기도 했다
　패턴으로 번지는 일은 폭력에 가까웠지만 우리에겐 일상이 되었다

　-순수한 노랑
　입술을 감춘 도시다
　봄에 살구를 맺지 못하는 공장이 늘어나고

우린 대를 잇기 위해 불순물을 섞지 않는 시민이다
보색을 알고 싶으면 여분의 귀를 만들어야 한다

-노랑의 바깥
당숙은 물살이 센 곳에서 죽었다
엉클어진 가르마에서 발견된 물 빠진 머리카락에 대해 아무도 말하지 않았다

-에필로그
내색하진 않았지만 우린 모두 횡단보도 건너
미용실에 몰래 들렀다

| 4부 |

아키비스트 성냥 UK

열린 결말을 좋아합니다

　예, 확실합니다 때때로 아니며
　결론을 바꾸려면 흔들리는 것을 생각합니다 예수님 마리아님 대리기사님
　마지막 챕터는 갈림길에서 시작할게요 아스클레피오스가 헛개수를 사러 들른다는 약국 쪽으로 두 번 깜빡이

　컵이 깨질 때 다시 시작될지 모르니 마데카솔도 고르겠습니다
　예감에는 질병분류 코드가 없지만 우린 저작권자가 있다고 믿었습니다 어두운 스무 살로 두 번 깜빡이

　지옥에 가면 후속작을 고를 수 있는 사랑을 하고 첫 만남이 재회인 애인을 찾을 거야
　랭보의 왼쪽 다리를 빌려 다녀오겠다고 했지 비늘도 없는 네가 가고 싶어 하는 여섯 번째 지옥

　천국 따윈 안 갈 거야 아멘, 한 사람만 믿는 곳엔 선택지가 없잖아 임마뉴엘

그럼 올림포스에 가자 시지프스는 매번 다시 사는 해피엔딩, 인간에겐 밀어 올릴 바위만 있으면 된대
웃기지 마 벌주려고 하는 거야, 할렐루야

언제부터 굴렀니 마지막 페이지에 도달한 너는
비취색 체온계를 쓰기 위해 염증을 키웠다 만년설로 덮인 기분, 소수 민족의 노래, 여러 개의 하늘을 날아가는 닐스 혹은 하데스

병원을 벗어나면 다른 병원에 온 것 같고
들른 지옥마다 엘리베이터 버튼이 눌러져 있고
몇 층이야?

주자이거우[九寨沟]에서 뒤꿈치가 갈라진 새를 보았습니다 예, 우리의 마지막은 산 채로 죽는 것입니다 돌아보았다는 네 얼굴을 난 아직도 모르고
Caps Lock이 걸린 대문자를 가능성이라 부르겠습니다

당신과 나 사이에 모노드라마가 펼쳐진다

　내 이야기를 들어줄 관객이 필요해요 입술 모양 의자와 칸막이가 있는 무대라면 좋겠어요
　누구에게나 쓰다 만 일기장이 있어요 인생은 단 한 번뿐이지만 사건은 매 순간 불어나니까요

　또, 당신이군요

　안녕하세요, 따뜻한 마음으로 정성을 다하겠습니다
　당신 안부가 궁금한 건 아니에요 미소를 갈아 넣은 목소리는 설정이지요 헤드셋이란 말은 눈 감고 만지는 연인 같지만 난 늘 투구를 머리에 써요

　당신이 속삭이면 가깝게 느껴져요 이상한 일이에요 당신은 귓속 깊이 파고들어도 혈육이 되진 않아요 관심을 주는 건 고맙지만, 당신은 내가 누군지도 몰라요 아가씨나 허니라고 부르는 건, 나사나 전등이라고 말하는 것과 뭐가 다른가요

당신은 독특한 고독을 지니고 있어요

보고 싶어 태엽을 풀어 볼래? 촛농에 적신 목소리로 위로해 줄 수 있니

내가 이해하지 못하는 질문은 발명의 영역일까요

울지 말고 힘내, 이런 말은 욕보다 쓸쓸하니 참아주세요

당신의 불만은 몇 조각으로 나누면 좋을까요 11시 10분 전이 10시 50분처럼 지루해요 우리의 대화는 모자라는 건지 넘치는 건지

당신은 시간이 없어요 전혀, 한 시간 내내

다른 방식으로 바라보면 기이한 발성도 이해가 가요 용서는 호랑가시 숲길이잖아요 당신도 혼신의 힘을 다하죠

다정한 목소리는 중독되기 쉬워요

법정에 선 피고인처럼 예 아니요 단답형만 하고 싶지만, 난 오늘도 상냥한 가해자 역할이에요 어쩌면 내 진짜 직업이 배우인지도 몰라요

이 연극은 자폐증 소녀의 일인극, 잘 건조된 안정제가 필

요해요

　커튼콜 박수 소리가 울릴 때 다시 등장하지 않는 신인배우처럼
　나의 다음 이야기는 아무도 모르지만요

우리가 어울릴 가능성에 대해

*

지나치지 못할 이인칭이다

*

냅킨 위의 포로 이야기, 세 번 데운 전화번호, 무릎 위에 뜬 연못은
 가두기에 알맞은 구도
 손이 닿지 않아 벌어지는 세계를 가늠한다 모르면 무섭다
결박당할 수 있을까 우린 뭐가 비슷해서 궁금해진 걸까

*

명함이 잘 어울립니다 이거 본인 이야기죠?
 아뇨 당신은 소설 같은 거 안 읽잖아요 찻값은 내가 낼게요
 생활이 잔뿌리입니다 여름용 잎맥은 자생종 한해살이, 돌려나기입니다 생장점을 닫으면 의심받습니다 열어둔 채, 의심받기도 합니다

*

　축하합니다
　그 말까지는 예상 못했습니다 전 친구라는 말은 들어 본 적 없어서 전 남자 친구, 전 남자 친구의 친구, 전 애인, 전전 애인들의 공로입니다
　목적어는 진흙, 탕탕

*

　타인을 느끼게 되는 경우를 말해 보시오
　경어와 반말을 섞어 쓰면 됩니다 고개 드세요 포장하지 말라니까

*

　괜찮습니까
　나는 반듯하게 누워 숫자를 센다 의사는 메스를 쥐고 몸을 기울인다 대신 떨어준다
　가까운 사이입니까
　누가 눈 감겨주는 성격입니다 복도엔 도려낸 얼굴들, 끌

어안고 싶은

〔덧〕

　*

　지나고 보니 빠짐없이 까만색 숫자로 뒤덮인 달력

　*

　귀에 곰을 꽂고 일하는 여자와 귀에 재생지를 꽂고 일하는 여자가 눈이 마주친 순간
　모든 남자는 삼인칭이다

　*

　골라 보세요
　손가락은 새잎이 나기 쉬운 구조입니다

호두나무 휴게소

> *넌 창의성이 없어, 요리는 머리로 하는 거야,*
> *너처럼 속 빈 아이는 처음이야*

호두라는 장소는 고속도로입니다

밀가루, 알맹이, 계란, 알맹이, 단팥, 알맹이……
우리는 브레이크 없는 돌림 노래입니다

거품 2개는 표정입니다
내숭만으론 힘들어, 웃음을 노랗게 부풀리지요
밀가루는 체에 걸러 애교를 추가합니다
우리는 빼기 더하기를 잘하지요

버터로 농도를 맞추고 선물을 더 넣습니다
사실 우리는 끈적였던 사이입니다
달달함은 우리의 놀이였으니까

자줏빛 지갑을 으깹니다
머리가 깨질 거 같아요

틀에 넣고 20분간 구울 때까지
우리는 가족이 된 걸까요

살짝 뒤집습니다
나쁘지 않습니다

우리의 연애는 호두나무 그늘에 잠시 들르는 것
다시, 호두를 고를 때는 더 경쾌한 껍질이 좋겠습니다

뜨거운 호두과자는 때때로 정답입니다

호루라기 부는 사람*

나는 원반형 구름을 무서워합니다
벌거벗은 임금님이 그려진 동전, 백화점 진열장에서
쫓겨난 스팽글, QR코드로 찍히지 않는 지갑,
충전 기능이 없는 로고나 금장이 닳은 커프스는 싫습니다

내 임무는 눈먼 재봉사의 표정을 하고 거인의 옷을 재단하는 일 성대 수술한 개에게 귀마개를 씌우는 일 오늘도 네가 술래야, 서로의 가리개를 묶어 주는 일입니다

높이가 비슷한 우리는 서로를 몰래 밟습니다
큰소리를 내려면 얼마나 숨을 모아야 할까요

제복이나 명패를 가진 사람은 주머니 모양 하나, 글자 모양 하나까지 이유가 있습니다
쉿! 그들은 좌표를 숨기고 문신을 숨기고 성형 전 사진을 숨겼지만 내게는 40인의 도적에게 업혀 가는 운명이 생겼습니다 도적에게서 도망가기 위해, 도적을 쫓기 위해 반짝이는 재봉틀에 골라 앉습니다

내겐 남들이 모르는 서랍장이 있습니다 서랍 한 개를 열면 정직해지고 두 개를 열면 선물 받는 기분이고 세 개를 열면 두건과 마스크를 쓴 사람들이 뛰쳐나옵니다

의자 없이 나를 기다리고 있는 내일을 위해 밖에서 밖을 두드립니다
고상한 취미도 없는 은행원이 뭘 자꾸 갚으라고 전화합니다
개가 졸고 있습니다 거인의 옷에 시침질이 끝났습니다 내일은 다림질이 끝날 거 같다고 둘러댈 것입니다

출입문 비밀번호를 잘 아는 배달부가 도착했습니다 귀가 없는 사람들끼리 호루라기 소리를 나눠 먹는 정오입니다

* whistle blower, 내부고발자.

반지하

스무고개를 풀어야 숨이 트는 곳

내가 바라보는 창은 사람들의 바닥이다
계단 끝까지 내려가면 지구를 끌어안는 기분이지만
비행기는 영영 못 탈 거 같다
창에 비친 이야기를 잡초라고 적어둔다
그것은 볼펜똥 같은 사건들이었다

창밖의 한 사람은
소음을 모르는 듯 기다리지만 시계가 망가져도 아무도 오지 않았다
창밖의 두 사람은
키스처럼 달콤했지만 외제 차가 지나가자 욕설처럼 보였다
창밖의 여러 사람은
서로 지갑을 주고받으며 악수했지만 주먹에 핏물이 흐르고 있었다

나는 뒹굴거리다 코코넛이 되고 깨지 못한 스무고개에 코를 박았다
오늘 하루는 먼지입니까
창밖에 아무도 없을 때는 무엇을 적어야 합니까
이건 너무 가벼운 질문, 이따금 내 창에도 별이 들었다

맑거나 구름 낀 날씨가 이어지지만 소나기도 내리겠습니다
확률 낮은 예보처럼 내 바닥에도 흐린 동거인이 꿈틀거린다
사건이 없는 날엔 개미, 바퀴, 쥐며느리를 꾹꾹 누르고

나는 오드 아이, 한 눈은 껌을 씹고 다른 눈은 울먹이며 문제를 푼다
창을 닫을 때마다 영웅처럼 질문이 되살아나고

출발 2056

누굴까 KN0062, 태어나거나 태어나지 않을 나는
넘어지는 쪽으로 좀 더 기울어지는 마음이 있어
넝쿨을 따라 피는 것은 어딘가 콕 찍힌 방향

바닥을 딛고 서 있어도 무섭다
나뭇가지 보다 총 한 자루가 더 필요해

차가울수록 서로에게 친절한 아침
쓸모없어 아름다운 눈썹

나는 겨우 일어서지만 물들지는 못하지
꼼짝 않고 기다리는 자세로
태어날 때부터 나를 잘 모르는 척하면서

기울어진 곳에서는 더 멀리 달릴 수 있지
머리와 몸이 경쟁하며 보우타이처럼 도착하고
난 정말 겸손이 없어도 두 손을 모으고

다음에 또 세상에 오면
삐뚤삐뚤한 이름은 떼고
코드 찍힌 이마만 기억할 테야

어지러운 발자국을 세고 또 세던,
한 무더기의 엄마들이
내가 모르는 엄마를 길게 부르며 사라지고

큰길 쪽으로 엄지발가락 하나 겨우 뻗어보는
나는

이직한 회사에는 텃새가 산다

오착륙이라면 좋겠어 오늘의 도래지는

종이컵을 사랑의 날개라고 부르지
유럽의 여름을 탁자 위에 늘어놓고, 풍선도 불어
최대한 쓸모없게

따뜻할수록 잘 녹는 회전의자
달달함은 이때 등장하지 어떤 일이 벌어질지 몰라
부리로 농담을 저어 버리지

눈이 마주칠 땐 어떤 얼굴이 어울릴까
노르딕 풍의 쓰다 남은 겨울과 털실 조끼와 통조림 산타
기억 니은 기억 디귿 기억 리을 기억 다시 도돌이표
자작나무의 자세는 시럽이 되지

휘청거리며 더 아래로 날아
난 꿈을 잃어버린 나이부터 체인질링*이 취미였어

일어서지 못하면 팔짱 끼고 떠날 수 없지
끝이 아니야
모든 것을 희생하는 사랑의 시작이지
왼뺨이 부서진 철새는 잘 날 수 있을까
잘 숨을 수 있을까
깃털이 얼어붙은 겨울에 웃어도 될까

단맛이 부족한데 내일은 괜찮을까
불안은 새장 속에서도 충분히 아름답지
함께 날아 보지 않겠나? 반짝이는 새 깃털을 개봉하든 말든
베이비의 수염은 자라고

옮겨 쓰는 자서전은 늘 열린 결말
부푼 일거리는 무제한의 기회, 영웅이 되면 어떡하나
시간을 앞당겨 여행할 수 있다면 죽은 후가 가장 좋겠지만
판타지를 엎지르면 누군가 눈치챌 지도 몰라

북쪽 창을 바라보는 여기는
텃새들이 사는 세상
돌아보면, 달콤한 점심시간이었는데
아무도 내 이름을 물은 적 없다

* 인간의 아기와 트롤의 아기를 바꿔치기하는 것.

해설

세상과 맞서는 시원한 상상

최은묵(시인)

세상과 맞서는 시원한 상상

　현실이 상상의 영역으로 옮겨갈 때 이미지는 비틀어진다. 아울러 상상이 비현실의 영역으로 이동하는 과정에서도 뒤틀림은 지속해서 유지된다. 상상은 세계를 제한하지 않고, 도착점이 어디인지도 알 수 없으며, 예측 불가능한 순간에 예측 불가능한 형태로 탈바꿈하기도 하는데, 이때 형성되는 이미지는 상징을 지니기도 하고 비유를 입기도 하고 때로는 누군가의 내면을 들여다볼 수 있는 직간접적 도구로 사용되기도 한다.
　이처럼 상상으로 파생된 이미지가 시와 결합했을 때, 그것이 시인의 분명한 의도였든 아니면 내면에서 저절로 만들어진 무의식의 결과였든, 한 편의 시가 분출하는 에너지는 생각보다 커다란 파동을 일으킨다는 점은 눈여겨봐야 한다.

김광명 시인의 첫 시집 『난 늘 첫사랑만 해요』는 펼치는 곳 곳마다 현실과 비현실의 세계가 충돌할 때 생기는 폭발음을 일으킨다. 이런 현상은 마치 현존하지 않는 생명체의 발현처럼 두렵고 의아하고 궁금하고 신비롭다. 상상이면서도 현실을 외면하지 않고, 비현실의 세계를 디디면서도 삶의 근원적 물음을 끝끝내 부여잡기까지 김광명이 집요하게 파헤쳐야 했던 화두는 과연 무엇이었을까?

시집 『난 늘 첫사랑만 해요』는 주관적 관점과 상상으로 재구성한 허구적 진실을 통해 삶의 보편적 진실에 다다르고자 한다. 이러한 보편적 진실은 공동체가 믿길 바라는, 또는 시인이 믿고 싶은 가치의 범주에 속한다. 물론 상상으로 빚은 세계에서 진실을 찾아내는 일은 수월하지 않다. 그럼에도 시인이 품은 내적 갈등이 어디로 어떻게 몸짓하는지 분명하게 살필 필요가 있는데, <시인의 말>에서 그 이유를 만날 수 있다. "시를 쓰는 매 순간/후회를 치료하는 약이 발명되었다"는 말처럼 김광명 시집은 어떤 후회로부터 파생된 현실을 상상의 영역을 통해 비현실의 세계에서 복구하려는 정신적 심리적 몸짓이다. 아울러 "친구를 이해하려면, 아물지 않은 살갗 속으로 들어가야 해요"(「망고의 초대」)라는 문장은 이 시집으로 들어서는 여러 키워드 중 하나로 작동하고 있는데, 우리는 시인이 제시한 "아물지 않은 살갗"이 현실과 비현실을 연결해 주는 상징적 고리이며, 이것이 각 시편에서 어떻게 작동하고 있는지, 시집 전체를 어떻게 관통하고 있는지 찾는 수고로움을 마다할 이유가 없다.

    직선을 자유롭게 풀어놓으면
    불규칙한 패턴으로 넝쿨이 자랄 수도 있겠다

    식물이 알을 낳는다면 저런 모양일 거야
    갓 태어난 발자국을 따라갈 때 건물들은 말랑해진다

    나는 빈이라는 단어에서 새살이 돋는다고 믿는다

    정장을 벗어둔 인사말이 곡선으로 걷는 거리
    폐지를 빨아들이는 굴뚝이 나뭇잎을 피우고 있다

    알록달록한 모퉁이는 새 줄기를 가다듬고
    슈피텔라우 소각장을 구경 오는 사람들은
    이생과 다음 생을 휘감고 다니겠다, 다시 자라는 기분으로

    창문마다 원색의 과일들이 열리고

주황색 쓰레기차가 들어온다

— 「빈」 부분

　김광명의 시가 지닌 특징 중 하나는 삶의 근원적 갈등을 정신적·심리적 영역에 덧대 채색하고 있다는 점이다. 하지만 이런 점을 굳이 프로이트나 라캉에 기대 정신분석학 비평으로 풀어낼 필요는 없다. 이들의 이론은 독자가 더 넓은 미적 경험을 갖는 것을 방해할 수도 있으며, 김광명의 시에 다가가는 유일한 방법 또한 아니기 때문이다.

　인간의 무의식에는 어떤 이론을 대입하지 않아도 이미 감각적으로 느낄 힘이 존재한다. 김광명이 첫 시집에서 현실에 상상을 얹어 인간과 사회의 갈등을 매만진 까닭도 자신의 시 세계를 무엇으로 단정하고 싶지 않았기 때문일지도 모른다. 어쩌면 시인은 "직선을 자유롭게 풀어놓으면/불규칙한 패턴으로 넝쿨이 자랄 수도 있겠다"는 말처럼 자신의 상상 위에 독자가 또 하나의 생각을 올려 더 크고 더 자유로운 질문을 만들어 주길 바랐던 것은 아니었을까. 그러므로 "나는 빈이라는 단어에서 새살이 돋는다고 믿는다"는 고백적 진술은 이 시집을 지탱하는 무거운 목소리로 읽어야 하는데, "빈"이라는 말은 슈퍼텔라우 소각장이 있는 오스트리아 지명이면서 동시에 '비다'라는 중의적 의미를 지니고 있음을 간과해서는 안 될 일이다.

불로 태워 없애버리는 것은 과연 마지막을 의미하는 것일까? 「이스터 에그」에서 시인이 "빈 곳을 채우라고 빈 곳이 생겨난다"고 주장했듯이 슈피텔라우 소각장에서 느낀 "다시 자라는 기분"이란 마지막이 아니라 비움에서 채움으로 이어지는 세계를 제시하려는 의도였음이 분명하다. 결국 비움이란 "직선을 자유롭게 풀어놓"는 일처럼 소멸이 아니라 새로운 배열을 제시한다. 이런 접근으로 김광명의 언어를 마주하면 시집 『난 늘 첫사랑만 해요』는 틀과 제도와 규칙으로 인간의 내면까지 통제하려는 시스템에 대한 저항의 사유이며, 가두고 갇히는 언어가 아니라 테두리를 만들지 않음으로 시가 스스로 자유를 얻는 시적 갈망의 표출로 보아야 타당하다.

1
태어나면서 알았어
세상은 내가 발명한다는 것을
돋아나는 귀를 자르며 뛰어다니는 당나귀와 등으로 기는 강물과 초침만 도는 시계탑과 퇴근하지 않는 한낮

2

3월에는 붉은 열매가 하늘을 덮었지

봄이 누군가에게는 추억이겠지만 내겐 한번쯤 날 쌍년이라 불렀던 사람들이 살고 있는 계절

이상한 나라를 거부하는 사람들이 앞만 보고 걸을 때 욕을 먹는 나는 자란다 다 자라면 손톱 때만큼 작다

작아도 토끼굴에 들어가려면 서걱서걱 소리가 나는 망막이 어울리겠지

3

고양이가 사는 나무에는 잎이 달리지 않네

가지 사이로 노란 새들이 배를 부풀려 날고

지저귐에 맞춰 나를 물어뜯는

고양이는 혀가 뾰족한 해부학자

4

오늘은 지하철을 타고 칭찬을 먹으러 왔지 심술 가득한 미나리들이 눈폭풍처럼 휘몰아치네

어쩌면 세상은 하나같이 들통난 거짓말 같을까

나는 날마다 미술관에 가고 싶고 생트 빅투아르에 가서 할머니가 되고 싶어 손톱을 깨물 때 물감처럼 내가 번지면 좋겠어

지금은 살아서 지옥을 스케치하는 시절

5
이마를 짚으려고 키가 자랐지 하얀 프릴이 달린 앞치마를 두르고
너무 자라면 북극에 닿을까 무서워
자른 머리통을 품에 안고 '밀과 보리가 자라네'를 불러 주었지

6
난 미끄럼틀이 좋아
떨어져도 즐겁잖아

걱정 마 페티코트를 걸친 꼬마 아가씨

우린 모두
새소리에 찢어진 구두 한 짝

하늘엔 쪼아 먹다 만 붉은 열매들, 지상엔 내가 돌아갈 집이 모래처럼 널려 있지

― 「드로잉, 앨리스」 전문

「드로잉, 앨리스」의 첫 부분 "태어나면서 알았어/세상은 내가 발명한다는 것을"은 앞에서 언급한 시적 상상을 통한 자

유로움을 상기시켜 준다. 물론 이 진술이 시인의 목소리인지 화자의 목소리인지 따져볼 필요가 있겠지만, 그보다 먼저 시인의 사유를 '나'로 투영시켜 볼 때. 현실에서는 어울리지 않지만 '이상한 나라'에서는 아무렇지도 않은 '앨리스'라는 상징성에 주목할 필요가 있다.

되짚어보면 「드로잉, 앨리스」는 김광명 시집이 어떻게 펼쳐지는지 독법의 방향을 제시하는 입구로 보아도 무방한데, 여기서 주목할 점은 제목에 쓰인 '드로잉'이다. 대상의 윤곽을 선으로 표현하는 것으로 풀어내느냐, 아니면 제도나 설계의 측면으로 접근하느냐에 따라 '앨리스'가 만들어가는 세계는 다르게 구축됨에도 불구하고 시인은 그 실체를 독자의 몫으로 남겨버린다.

"돋아나는 귀를 자르며 뛰어다니는 당나귀와 등으로 기는 강물과 초침만 도는 시계탑과 퇴근하지 않는 한낮"은 현실에서는 볼 수 없는 모습이다. 앨리스가 말하는 토끼를 만나는 세상은 현실에서는 분명 이상하지만 동화 속에서는 아무렇지도 않다.

김광명이 시를 통해 말하고 싶은 것은 단순히 세상을 바라보는 관점과 기준의 이동이 아니다. 스스로 앨리스가 되어 "이상한 나라를 거부하는 사람들"과 뒤섞여 살아가고자 한다. 하지만 형식과 체면에 얽매이지 않고 맘껏 앨리스를 만들 수 있는 세상은 녹록지 않다. 현실은 동화 속에서나 일어날 법한 꿈을 꾸는 것을 허용하지 않는다. 사회적 소수이고 약자가 되어버린 이 땅의 앨리스들은 지금 어디에 있을까? 어떤 앨리스는 "날마다 미술관에 가고 싶"어 하고, 어떤 앨리스는 "생트 빅투아르에 가서 할머니가 되"길 원하고, 또 어떤 앨리스는 "손톱을 깨물 때 물감처럼" 번지길 바라고 있겠지만, 그들은 "새소리에 찢어진 구두 한 짝"처럼 세상의 어느 구석에 웅크린 채 토끼굴에 들어갈 준비를 하고 있을 것이다.

  한 편의 시에 여러 접근 경로를 만드는 건 어려운 일이다. 「드로잉, 앨리스」에서 김광명 시인이 보여준 건 '앨리스 증후군'이라는 단순한 주제만이 아니다. 다양성을 거부하고 외면하는 공동체에 던지는 시적 메시지는 오래 되짚어 고민할 사회적 과제이기도 하다. "난 미끄럼틀이 좋아/떨어져도 즐겁잖아"라고 말하는 수많은 앨리스. 그들이 만들고 있는 세상은 결코 비현실이 아니라 현실의 확장이라는 점은 더 이상 부인할 수 없는 사실이다.

  시인은 세상의 측면을 외면하지 않고 똑바로 응시하며 그들의 목소리를 품을 줄 알아야 한다. "토끼굴"은 비현실의 세계가 아니라 또 하나의 현실이며 "서걱서걱 소리가 나는 망막"을 가진 시인의 눈을 통해서 끊임없이 발견되고 있다. 그런 시인의 망막을 통해 우리는 맘껏 상상하고 고민하며 이 시집을 매만질 필요가 있다.

  피노키오는 코가 긴 게 어울려요 코는 자라나 잔가지를 치죠 가지 끝에는 꽃이 피고요
  삼십 분 만에 시드는 꽃은 감질나요

  유혹을 좋아해요 피노키오는 아이를 낳고 싶어 주인공이 되었대요 제페토 할아버지가 점지한 목소리로
  봐요 거짓말은 배가 불러요 금방 인간을 낳을 거 같아요
  ……
  외모도 배역도 완벽한 피노키오,
  아빠를 할아버지라고 부르는 피노키오, 피노키오를 낳은 피노키오

  간절하게 아부하는 것은 이루어질 거예요 제페토 할아버지

  코는 그냥 설정이에요 코가 길어 할 수 없이 거짓말해요 거짓말할 때마다 늘어나는 코는 너무 뻔한 얘기잖아요 시청률이 코처럼 자랄 때
  새파란 떡갈나무 새빨간 떡갈나무 샛노란 떡갈나무…… 꽃이 피

어요 이번 코는 총천연색이라 재방송이 될 거래요

아빠, 아빠는 어제 겨우 엄마가 낳았잖아요 채널 좀 그만 돌려요
— 「진짜 거짓말」 부분

"어쩌면 세상은 하나같이 들통난 거짓말 같을까"(「드로잉, 앨리스」)에서 말하는 거짓말과 피노키오처럼 코가 길어지는 거짓말은 어디쯤에서 겹치고 무엇이 다를까? 그리고 「진짜 거짓말」은 세상의 어느 단면을 비집고 들어가려는 걸까?

'피노키오'는 위에서 다룬 '이상한 나라의 앨리스'처럼 동화 속 캐릭터다. 동화는 상상이 유쾌한 이야기이다. 그러나 그것이 동화의 본질은 아니다. 김광명 시인이 동화 속 인물을 호명한 까닭도 단순히 상상적 이미지를 보여주기 위함이 아니라 동화라는 이야기에 담긴 상징과 풍자를 이용하여 현시대의 굴곡을 오버랩시키려 한 것이다.

피노키오는 놀고 먹고 자는 본능적 욕망을 숨기지 않는다. 등굣길에 딴 길로 새거나 일확천금을 바라거나 유혹에 쉽게 넘어가고 후회하기를 반복한다. 공부하기 싫어하고, 약보다 사탕을 먼저 먹고, 일 년 내내 방학인 장난감 나라로 떠나기도 한다. 그럼에도 피노키오에게 순수한 내면이 있다는 것을 부정하지는 않는다.

거짓말을 하면 금방 들통나는 피노키오의 코처럼 세상의 거짓말은 언젠가 드러난다. 거짓말이 거짓말을 만들고 거짓말과 거짓말이 꼬리를 물고 이어지는 세상에서 '진짜'란 존재하는지, 이런 의문의 갖는 것은 당연하다. 어디선가는 가짜로 거짓말을 하고 다른 곳에서는 진짜로 거짓말을 한다. 가짜 거짓말은 재미의 영역에 넣을 수 있지만 진짜 거짓말은 상처를 수반한다. 참말이 손해 보는 세상, 참말이 약점이 되는 세상에서 거짓말은 유용한 수단일까? 김광명의 시는 끊임없이 묻고 끊임없이 저항한다. 피노키오의 코가 자라나는 게 온전히 거짓말 때문이었을까? 그렇다면 그 거짓말을 정의하는 기준은 무엇일까?

공동체가 공동체로서의 약속을 가지는 까닭은 모두를 위해서이다. 거짓말처럼 어떤 규칙을 깨트리는 일은 공동체에 속한 누군가에게 피해를 준다. 코가 길어지는 처벌만으로는 누군가 받은 상처를 회복할 수 없다. 그러므로 김광명이 부조리한 세상에 소리치기 위해 가져온 피노키오의 코는 설정이다. 우리 주변에는 "아빠를 할아버지라 부르는 피노키오, 피노키오를 낳은 피노키오"가 너무 많다. 그들을 문학의 영역으로 끌고 와 호명하기까지 시인은 울렁거리는 심장과 딱딱한 나무 코를 달고 견뎌왔을 것이다. 이처럼 김광명의 시는 사람과 인형의 중간쯤에서, 삶과 동화의 사이에서, 현실과 비현실의 틈에서 회오리를 만들며 출렁거린다.
 그렇다면 이제는 왜 시인이 양분된 공간에서 일으키는 충돌에 몰두했는지 살펴볼 필요가 있다.

  사생활이죠 난 늘 첫사랑만 해요

  여행가방도 없이 오빠를 찾아왔어요 입술에 야광 립스틱을 바르고 거짓말을 할 거예요 코끝과 아이스크림과 그 밖의 것을 핥으려고 왔어요

  오빠 입속에 빨대를 꽂아요 조금씩 혀를 빨아먹어요 남들은 모르지만 이제 혀는 없어요

  오빠 비타민도 먹어 봐

  오빠가 진짜 죽는 건 무서워요 혀를 다 먹고 혀처럼 헌신해요 생고기를 준비하고 디저트도 챙기면서 난 항상 오빠 목소리로 말해요

  걱정 마 혀는 사라져도 또 생기는 거야

의심 많은 오빠가 입을 벌리고 거울을 봐요 난 입맛에 딱 맞게 꼬드겨요 나는 오빠 혀니까

　우린 말놀림이 가벼울수록 유익한 사이죠 착착 들러붙는 천장과 바닥 사이, 우리의 대화가 기생해요
　가끔 찾아오는 친구가 아이 아빠로 변할 때까지 셋이 같이 먹고 자요 여러 개의 약속이 하나의 혀로 바뀔 때까지

　가족이 가족을 잡아먹는다는 소문이 돌면 옷장을 뒤져 프릴이 가득한 옷을 찾아 입어요 유부남을 만나면 안 되나요 안아본 적도 없으면서 나를 아는 척하는 옆집 아저씨 입속이 궁금한 걸요

　생활이죠 나는 가끔 삐삐머리를 손가락으로 꼬며 첫사랑의 달인이 되곤 해요

―「키모토아 엑시구아」 전문

　'키모토아 엑시구아'는 물고기의 입속에서 혀를 갉아먹고 혀 역할을 하는 기생 동물이다. 그런데 혀를 잃은 물고기는 크게 불편함이 없이 먹이활동을 하고 맛도 느낀다고 한다. 이처럼 서로가 서로에게 불편하지 않은 관계를 공생이라고 말할 수 있을까?

「키모토아 엑시구아」는 '앨리스'와 '피노키오'의 확장형 버전으로 읽어도 좋다. 시적 화자인 '나'는 오빠에게 기생하기 위해 "입술에 야광 립스틱을 바르고 거짓말을" 한다. 거짓말로 시작된 관계가 두 사람에게는 "사생활"일 수도 있겠지만 사회적 측면에서 볼 때는 분명 폐단에 가깝다. 하지만 이런 기생 관계로 발생하는 갈등이 이 시가 말하려는 전부라고 보기에는 무리가 있다.

　「키모토아 엑시구아」에서 눈여겨볼 지점은 "혀"이다. 혀는 입과 함께 '말'을 대치하는 낱말이다. 즉 혀를 잃는다는 것은 자신의 소리를 낼 수 없다는 뜻과 같다.

　지금 사회를 보면 목소리를 잃은 사람들이 많다. 말을 하면서도 그것이 오롯이 자신의 것이 아닌 사람들, 혀를 잃어버린 줄도 모르는 사람들, 자의로 혀를 포기한 사람들, 그리고 혀를 빼앗아 먹기 위해 숙주를 찾아다니는 사람들이 활보한다. 그렇다면 시인은 어떤 말을 하는 존재인지 다시 물을 수밖에 없다. 혹시 김광명 시인은 이 땅의 모든 시인에게 '당신의 혀는 온전한가?'라고 묻고 있는 것은 아닐까? 물론 '키모토아 엑시구아'를 입에 두고 있는 시인을 특정하여 이 시를 쓰지 않았을 것이다. 세상에 난무하는 거짓말과, 나의 혀가 아니라며 입으로 뱉은 말을 책임지지 않는 이들의 단면을 보여주고 싶었을 것이다. "걱정 마 혀는 사라져도 또 생기는 거야"라는 거짓말에도 세상은 무표정하게 굴러간다. "나"의 거짓말을 "오빠 목소리로" 듣는 세상에서 보편적 진실은 무엇일까?

김광명의 시는 끝을 내지 않는다. 시의 마지막은 매번 질문으로 남는다. 결국 독자는 시인의 혀를 통해 질문에 답할 것이다. 강요라고 느끼지 않는 이끌림은 결국 자의가 된다. 억지스럽지 않게 독자를 끌어들이는 언술은 김광명 시가 지닌 매력 중 하나이다.

물성物性을 통해 의식意識을 자극하는 방식은 시의 특성이다. 이때 의식의 범주는 정신적 현상의 모든 것들을 포함한다. 그중에서 외력으로 인해 파괴되고 찢기고 부서진 삶을 김광명은 정면으로 응시한다. 즉 김광명의 시가 상상의 힘을 빌려 비현실의 이미지를 생성하고 있더라도 그것은 결국 현실의 깊은 탐구이며 회피하지 않고 맞서는 구체적 행위라는 사실이다.

-프롤로그
지역감정이라고 부르진 않았지만 우린 모두 염색이 오래가는 미용실을 좋아했다

-비슷한 노랑

횡단보도는 점멸이다

파란불을 기다리는 누구도 노랑을 벗어나지 않는다

우린 모두 젠더 구별 없는 커플이었다

-진화하는 노랑

그림자가 커지고 노랑이 더 짙어진다

작은 점이 뭉쳐 세이렌으로 변하기도 했다

패턴으로 번지는 일은 폭력에 가까웠지만 우리에겐 일상이 되었다

-순수한 노랑

입술을 감춘 도시다

봄에 살구를 맺지 못하는 공장이 늘어나고

우린 대를 잇기 위해 불순물을 섞지 않는 시민이다

보색을 알고 싶으면 여분의 귀를 만들어야 한다

-노랑의 바깥

당숙은 물살이 센 곳에서 죽었다

엉클어진 가르마에서 발견된 물 빠진 머리카락에 대해 아무도 말하지 않았다

-에필로그

내색하진 않았지만 우린 모두 횡단보도 건너
미용실에 몰래 들렀다

―「노랑 구역」 전문

「노랑 구역」은 가상의 공간이지만 노랑으로 둘러싸인 곳을 떠올려 보면 '안전지대'가 먼저 생각난다. 다양한 노랑의 상징 중에서 시인이 말하고 싶은 상징이 무엇인지 분명하게 찾는 일은 사실 불가능하다. 그럼에도 "지역감정", "젠더", "폭력", "도시", "불순물", "보색", "횡단보도", "미용실" 등 몇몇 단어에서 갈등과 경계, 이쪽과 저쪽을 분리하는 의미로 사용되고 있음을 유추할 수 있다. "지역감정"이나 "젠더"처럼 "노랑"은 세대나 성별, 빈부나 학력, 왼쪽이나 오른쪽처럼 대립의 구획을 나누는 용도로 쓰이고 있다.

검정 머리를 노랗게 염색하는 것은 문제가 되지 않지만, 주변 모르게 "횡단보도 건너/미용실"을 찾는 것은 금기이다. 다시 말하면, 머리를 노랗게 염색하는 행위는 겉으로 드러나는 메시지이지만, "횡단보도 건너"는 이념이나 사상처럼 머리의 내적인 부분을 다루고 있다. 그렇다고 전향轉向이라고 하기에는 과한 것이 "미용실"은 이따금 들르는 곳일 뿐 삶(생각)을 완전히 옮기는 장소로는 쓰이지 않기 때문이다.

이데올로기가 붕괴하고, 자아와 타자의 대립 구도가 모호해지고, 전달 방식의 메시지에서 질문 형식의 메시지로 전환되는 과정에서 "노랑"은 '노랑 비슷한 것들'과 '노랑이 아닌 것들'로 확장되며 그 경계가 흐려지기 시작했다. 사실 이러한 현상은 경계를 허물어뜨리는 의미보다 진영 간의 갈등을 더욱 강하게 만드는 부작용을 일으킨다. 언제부터인가 "노랑"도 약속된 안전이 아니라 불안한 안전이 되었다. "비슷한 노랑"은 인정받는 아류가 되었고, "진화하는 노랑"은 폭력마저도 일상으로 받아들일 만큼 익숙해졌다.

　"노랑"으로 지탱할 수 없는 시스템이 사회 전반에 퍼지고 있는 시대에 도덕과 비도덕, 상식과 비상식을 구분 짓는 개개인의 구획은 온전한지 의문이다. 이제 "대를 잇기 위해 불순물을 섞지 않는 시민"이 되기 위해서는 노력이 필요하다. "노랑의 바깥"으로 밀려나 "물살이 센 곳에서" 맞이한 죽음을 애도할 틈도 없이 다만 나의 생존을 다행이라 여기는 시대에 시인이 던지는 메시지는 단순한 질문을 넘어 갈등의 더 밑바닥을 파헤치려는 심리적 통증에서 기인한다. 그러므로 "횡단보도 건너/미용실"은 금지된 영역이 아니라 조화의 세계로 봐야 하며, 넘을 수 없는 벽 대신 건널 수 있는 횡단보도를 제시한 까닭도 지역감정이나 젠더갈등처럼 분리된 이념과 상관없이 언젠가는 자유롭고 안전하게 오갈 수 있다는 "노랑"의

본질에 방점을 둔 것이다.

"네 번만 더 목마를 갈아타면 여왕 등급이"(「회전목마」)이 되는 세상, "기도로 구하는 답("「가문」)이 언제나 의문인 세상, 등 뒤엔 언제나 반전이(「파운드 푸티지」) 있는 세상, 실종된 사람을 48시간 안에 못 찾으면 신발장을 비워야"(「원숭이 손은 약손」) 하는 세상에서 '노랑 구역'은 어떤 효용성을 지닐까?

김광명 시인이 세상의 부조리에 문학으로 저항하는 이유는 "못 가진 자들은 기도가 너무 많아 망할"(「글래스비치」) 것만 같아서 때문은 아니었을까. 마치 자신이 못 가진 자들의 목소리를 너무나 잘 알고 있다는 듯, "하느님부터 찾아보자, 아빠"(「다운사이징」)라는 음성을 직접 듣기라도 한 듯, "가면을 벗어도 얼굴이 없는"(「허밍」) 사람들의 처음 표정을 알고 있다는 듯, 그래서 결국 "의사가 되지 못하고 선장이 되지 못하고 전기 기술자가 되지 못하고 디자인이나 자연과학도 하지 못하고 봉준호가 되지 못하고 언니의 친구가 되지 못하고 고등어가 되지 못하고 십자가도 되지 못하고"(「결정」) 어쩔 수 없이, 운명처럼, 소수와 약자의 목소리를 기록하기 위해 시인의 길을 선택한 것은 아니었을까.

사라지는 사람이 아니라 카메라가 주인공인 걸까

원하는 거 다 보여주고 싶어도
몰라, 누가 시작한 이야기인지

죽기 전까지 내가 흔들려야 한다는 것만 알아

난 소리 지르는 사람들이 더 미스터리해
맞아 리얼리즘이야 흉터에 대해 인터뷰하는 사람들은 대부분 깊은 병을 알지 못하지
모르는 이야기일수록 미신과 숫자를 버무려 말해

죽은 사람이 나타나고 이름조차 모르는 애인이 지나가고
사건이 되는 거야 우리가 아닌 사람들로

내 시간은 야간 투시 모드야 손전등을 들고 태어났지 면도날 스치는 소리 혹시 들었니?

― 「파운드 푸티지」 부분

시는 마술처럼 이것과 저것을 바꾸지 못한다. 어쩌면 우리가 맞는 아침은 아침이 아닐지도 모르고, 밖에서 만나는 사람은 과거에 살던 사람이 아닐지도 모른다. 통증은 미래에서 끌

어다 쓸 수 없는 감정이고, 시는 이전의 충격을 지우지 못한다. 그럼에도 김광명의 시는 현실에 머물지 않으면서 미래를 비워둔다. 과거인 듯싶다가도 어느새 상상이고, 상상인 듯싶다가도 어느새 삶의 구석을 비집고 들어온다. 몸으로는 불가능한 세계에서 그의 정신은 자유롭고, 자유로운 듯싶다가도 스스로 옭아맨다.

파운드 푸티지(found footage)는 실제 기록처럼 보이게 촬영한 영상으로 현실감을 강조하며 카메라맨의 시각만 보여주어 긴장감을 유발한다. 김광명의 시는 이런 기법과 유사하다. 마치 카메라가 된 것처럼 세상을 관찰하는 시인을 따라가다 보면 핸드헬드 촬영 영상을 보는 듯 흔들리는 인간 내면을 만날 수 있다. "죽기 전까지 내가 흔들려야 한다는 것만 알아"라는 말이 왜 시인으로 살아야 하는지 고해로 들리는 것처럼 김광명은 편안하고 안정적인 심리가 아니라 불안하게 흔들리는 내면을 찾아다녀야만 하는 시인의 숙명을 이미 알고 있으며, 그의 시는 없는 것을 있게 하는 일이 아니라, 흔들리는 것과 함께 흔들리며 그 이유를 알아내는 여정임이 틀림없다.

"사람들은 대부분 깊은 병을 알지" 못한다. 깊은 병은 마음의 병이다. 누구에게나 있는 안쪽의 흉터에게, "누런 치아를 지닌 산책자에게, 의문형만 남긴 일기장에게, 바닥에 떨어져 버린 금 간 시점에게" 무엇이든 다 해주고 싶은 마음을 갖는다는 건 그들의 마음 깊은 곳을 기꺼이 살핀다는 의미이다. 누군가는 온기 잃은 세상의 구석에서 카메라가 된 시인을 우연히 만날지도 모른다. 그때쯤이면 카메라 각도가 어떤지, 어떻게 손을 내미는지, 눈빛의 온도는 어떤지, 그리고 시인의 마음이 어디로 향하는지 지금보다 세밀하게 살필 수도 있지 않을까.

　　공중에 머무는 기분은 언젠가는 내려오기 위한 것
　　포물선을 그린다
　　길 잃은 의사들을 낳는 꿈같지 않니?

　　그림 속 여자가 공을 줍는 들판
　　상상하지 말고, 상냥하게 배신하세요

　　손맛에 쩍쩍 달라붙는 공들이 있다
　　달아나지 못하도록
　　서로의 머릿속으로 들어가 입으로 나오기

　　8월의 어디쯤에 겨울이 닿은 걸까

공의 표면을 돌리는 손들은

날고 있지만 새처럼 노래 부르지 못하다

— 「저글러 수열」 부분

「저글러 수열」은 삶이 반복된 후회의 연속일지라도 그런 삶의 단면을 잘라 기꺼이 내보임으로써 시에 이르는 과정을 촘촘하게 보여준다.

저글링(juggling)은 공이나 곤봉 같은 물체를 공중에 던지고 받는 행위이다. 공을 던졌을 때 공중에 머무는 시간을 계산하면 일정한 시간의 비트가 반복되는데 이 박자 주기를 숫자로 나타내면 수열이 된다. 수열은 일정한 규칙에 따라 배열된 수의 열이다. '저글러 수열(또는 저글링 수열)'은 유한수열로 표시할 수 있는데, 시 「저글러 수열」은 수학이나 묘기에 대한 이야기가 아니라 일상에서 반복해서 부딪히는 소소한 사건들의 나열을 규칙적으로 묘사하고 있다.

화자는 "스무 살의 포트폴리오"를 펼쳐 "팔이 많은 우리"의 지난날을 회상한다. 이때 우리는 "침대 위의 두 사람"으로 비교적 구체적이지만, 역시 이 이야기는 두 사람의 서사에 의미를 두지 않는다. 저글링에 빗댄 일상은 "애인과 그전 애인과 언제 연애했는지 기억이 나지 않는 애인들이 돌고" 있는 것처럼 반복된다. 스무 살 때나 그 후나 삶이라는 게 각론은 달라도 개론은 일정한 박자를 가지고 있다는 걸 알아버린 건 "마지막으로 방탈출 놀이를 했고 수신호도 없이 칭찬 스티커를 받을 나이가" 되었을 때이다. 그때를 "어른"이라고 정의한다면, "공중에 머무는 기분은 언젠가는 내려오기 위한 것"이라는 걸 깨닫는 순간부터가 어른의 시작이다.

"케이크와 맥주가 앞에 있을 땐 무얼 먼저 받아야 할까" 고민하던 스물부터 "새로운 남자를 돌봐야 하는 일이 생기는 게 당연한" 나이가 될 때까지 공중으로 던지고 받고 또 던지고 받아야 했던 관계들을 개인적 서사로 한정할 순 없다. 알고 보면 사람들은 모두 엇비슷하게 살아간다. 울고 웃고 반복적으로 감정을 소비하면서, "서로에게 친절하면 좋은 일이 생길까" 기대하면서, "상냥하게 배신하"면서, 그리고 "서로의 머릿속으로 들어가 입으로 나"오기를 반복하면서 살아간다.

그럼에도 변색되지 않은 "스무 살의 포트폴리오"를 가슴에 품고 살아가는 누군가는 아직도 포물선을 그리면서 저글링의 삶을 반복한다. 이제는 어른 이전의 공을 손에서 놓아도 좋은데, "날고 있지만 새처럼 노래 부르지 못"하는 오래된 공을 돌리며 살아가는 이들에게 현재란 투영된 과거일 뿐 미래를 향한 손놀림은 아니다.

시는 과거를 반복해서 저글링하지 않는다. 공의 개수를 늘리거나 규칙적인 반복을 불규칙으로 바꾸며 나아간다. 아직도 스무 살을 돌리고 있는 나이 든 손을 가진 이들 모두가 지나버린 자신의 스무 살을 분석하고 파헤치진 못할 것이다. 그러므로 "스무 살 사체의 프로파일러가 되는 것"은 끝내 소망으로만 남을지도 모른다.

예, 확실합니다 때때로 아니며
결론을 바꾸려면 흔들리는 것을 생각합니다 예수님 마리아님 대리기사님
마지막 챕터는 갈림길에서 시작할게요 아스클레피오스가 헛개수를 사러 들른다는 약국 쪽으로 두 번 깜빡이

컵이 깨질 때 다시 시작될지 모르니 마데카솔도 고르겠습니다
예감에는 질병분류 코드가 없지만 우린 저작권자가 있다고 믿었습니다 어두운 스무 살로 두 번 깜빡이

지옥에 가면 후속작을 고를 수 있는 사랑을 하고 첫 만남이 재회인 애인을 찾을 거야
랭보의 왼쪽 다리를 빌려 다녀오겠다고 했지 비늘도 없는 네가 가고 싶어 하는 여섯 번째 지옥

천국 따윈 안 갈 거야 아멘, 한 사람만 믿는 곳엔 선택지가 없잖아 임마뉴엘
그럼 올림포스에 가자 시지프스는 매번 다시 사는 해피엔딩, 인간에겐 밀어 올릴 바위만 있으면 된대
웃기지 마 벌주려고 하는 거야, 할렐루야

언제부터 굴렀니 마지막 페이지에 도달한 너는
비취색 체온계를 쓰기 위해 염증을 키웠다 만년설로 덮인 기분, 소수 민족의 노래, 여러 개의 하늘을 날아가는 닐스 혹은 하데스

병원을 벗어나면 다른 병원에 온 것 같고
들른 지옥마다 엘리베이터 버튼이 눌러져 있고
몇 층이야?

주자이거우[九寨沟]에서 뒤꿈치가 갈라진 새를 보았습니다 예, 우리의 마지막은 산 채로 죽는 것입니다 돌아보았다는 네 얼굴을 난 아직도 모르고
Caps Lock이 걸린 대문자를 가능성이라 부르겠습니다

— 「열린 결말을 좋아합니다」 전문

김광명 시의 특징 중 하나는 흩어지며 모이고 모이면서 흩어진다는 점이다. 화자였다가 관찰자였다가, 비인격화나 비현실감의 문장을 읽다 보면 어느새 현실에 능동적으로 맞서고 있는 시인을 만나게 된다.

불안과 우울과 스트레스가 정신에 미치는 영향은 대체로 부정적이다. 이것을 시로 탈바꿈하는 동안 시인의 긴장은 극으로 치닫기 마련이다. 「열린 결말을 좋아합니다」에서도 이런 긴장이 여실히 묻어나는데, 「저글러 수열」에서 얼핏 보였던 스무 살의 모습이 이 시에서는 "어두운 스무 살"로 조금 더 좁혀진다.

흔들리고 어둡고 깨지고 구르는 것이 내면의 대부분을 차지하고 있는 삶에 시인이 다가가는 방식은 "예, 확실합니다 때때로 아니며"처럼 불온한 설득이다. 실제로 김광명의 시를 읽을 때 화자와 시인을 등치시키는 일은 무모하다. 인간이 지닌 동질의 감정이 시에서 어떤 화자를 통해 출렁이는지, 그것을 효과적으로 보여주기 위해 시인이 취한 형식이 무엇인지, 이런 것보다 중요한 것은 한 명의 시인이 오래 마음에 담으려는 세계를 더듬어보는 일이다.

삶의 결말을 "마지막 챕터"에 이르러 바꾸는 건 불가능하다. 약국에서 구입한 마데카솔로 깨진 컵을 복원할 수도 없고, 지옥은 분명 "후속작을 고를 수 있는 사랑을" 하거나 "첫 만남이 재회인 애인을 찾을" 수 있는 공간이 아니다. 천국과 지옥으로 양분된 결말에서 시인은 왜 "한 사람만 믿는 곳엔 선택지가 없"다는 천국을 거부하면서까지 지옥에 다양성을 부여했을까? 삶의 마지막 페이지를 넘기면 거기엔 천국과 지옥의 갈림길만 남는 것일까? 갈림길은 선택의 영역이다. "어두운 스무 살"은 어쩔 수 없이 "지옥"과 연결된다. "병원을 벗어나면 다른 병원에 온 것 같"은 삶에게 절망은 익숙한 페이지다. 단테의 『신곡』 지옥문에는 '여기를 들어오는 자, 모든 희망을 버려라'는 문장이 적혀있다. 꿈도 비전도 없는 곳, 즉 지옥이란 죽음 이후의 특정 시공간이 아니라 희망이 없는 현실로 풀어도 상관없다. 층마다 버튼이 눌린 엘리베이터는 위아래 방향과 상관없이 열리고 닫히기를 반복할 뿐이다. 그러니 시인이 말하려는 지옥은 삶의 끝점에서 만나는 값이 아니라 현실의 페이지를 채우는 모든 과정인 셈이다.

  화자는 선택할 수 없는 강제된 삶을 벗어나 자의지로 택할 수 있는 마지막 챕터의 가치를 움켜쥔다. 어두웠던 스무 살로 돌아가 어두움을 떼어내고 마지막을 다시 쓰는 일이 꿈이고 희망이라면 화자의 걸음은 아직 지옥문을 지나치지 않은 셈이다. 그러니 아직 결말은 정해지지 않았다. Caps Lock은 대문자(Capitals)로 고정(Lock)시키는 버튼이다. 한 번 누르면 다시 누르기 전까지는 소문자로 바뀌지 않는, 마지막 챕터를 대문자로만 쓸 수 있는 유일한 버튼, 지옥문 앞에서 찾아낸 "가능성"은 시적 화자만의 몫이 아니라 모두에게 공평하게 적용되는 조건이다.

> 누굴까 KN0062, 태어나거나 태어나지 않을 나는
> 넘어지는 쪽으로 좀 더 기울어지는 마음이 있어
> 넝쿨을 따라 피는 것은 어딘가 콕 찍힌 방향
>
> 바닥을 딛고 서 있어도 무섭다
> 나뭇가지 보다 총 한 자루가 더 필요해
> ……
> 다음에 또 세상에 오면
> 삐뚤삐뚤한 이름은 떼고
> 코드 찍힌 이마만 기억할 테야
>
> 어지러운 발자국을 세고 또 세던,
> 한 무더기의 엄마들이
> 내가 모르는 엄마를 길게 부르며 사라지고

큰길 쪽으로 엄지발가락 하나 겨우 뻗어보는

나는

— 「출발 2056」 부분

이스터 에그(Easter Egg)는 부활절 달걀 찾기 풍습에서 유래한 말로, 영화, 책, 소프트웨어, 게임 등에 숨겨진 메시지나 기능을 뜻한다. 시집 『난 늘 첫사랑만 해요』에도 「이스터 에그」를 제목으로 쓴 작품이 있는데, 이스터 에그의 상징적 의미에 비춰 김광명의 시집을 살펴보는 일도 흥미로운 일이다.

"은밀한 것은 속도가 빨라요 게임처럼 즐기면 돼요"(「이스터 에그」)로 시작하는 첫 문장은 마치 이 시집을 읽는 방법에 대해 시인이 직접 말해주는 것 같다. 어느 시편은 시스템에 저항하는 목소리를 담고, 어느 시편에는 인간 정신을 비집고 들어가 마음을 아우르고, 툭툭 무심한 듯 은밀하게 자신의 사유를 시 속에 녹여내기까지 김광명 시인은 세상의 여러 면을 직간접적으로 경험했을 것이다. 시는 "주변인의 이름을 빌려 사연을"(「봄날, 36.8MHz」) 보내는 행위이며, "지나치지 못할 이인칭"을 통해 "비슷해서 궁금해진"(「우리가 어울릴 가능성에 대해」) 세계를 함께 걷는 일이다. '나'란 결국 또 하나의 '타자'이며 마찬가지로 타자도 또 하나의 나인 셈이다. 그러므로 "누굴까 KN0062"처럼 해독할 수 없는 암호는 김광명이 설계

하는 시인의 가치이며, "넘어지는 쪽으로 좀 더 기울어지는 마음"은 이 시집에서 보여준 면면 외에 이후 시인으로 어떻게 살아갈지 다짐으로 읽어도 좋다. 지금은 겨우 "큰길 쪽으로 엄지발가락 하나 겨우 뻗어보는" 정도라고 말하지만, 실제 김광명의 시집은 자아와 타자가 유기적 결합을 이루고 있으며 동시에 인간 본연의 내적 갈등을 세밀하게 짚고 있다는 점에서 이미 유의미한 결과를 도출하고 있다.

"증명할 수 없는 숨결도 사람을 아프게 할 수 있을까"(「인기척」) 고민할 줄 안다면, "사막도 한때는 물의 몸이었다"(「세에라자드」)는 사실을 찾아낼 눈이 있다면, "첫울음을 운 적이 없는 입술"(「행인들」)을 위로할 줄 안다면, 비록 "지금은 살아서 지옥을 스케치하는 시절"(「드로잉, 앨리스」)일지라도 "5월"이 "무얼 감추기 위해 지느러미를 흔드"(「결정」)는지, "8월의 어디쯤에 겨울이 닿"(「저글러 수열」)는지, 김광명 시인은 사유의 끝점에 이르러 "구겨진 종이도 날 수 있다"(「혼잣말 ; 종이를 반으로 열 번 접으면 천계의 문이 열린다」)는 것을 당당하게 보여줄 것이다.

사람은 무의식적으로 자신을 다른 무언가에 투영한다. 그것을 구체적으로 표현하는 이가 시인이다. 거기에 얼마나 자신의 언어를 쏟아내느냐, 또 얼마나 깊고 넓어지느냐는 각자의 고민에 따른다. 현상에 이데아를 스미기 위해 시인이 선택한 화자는 결국 누적된 자아의 발현이다. 그러므로 이 시집의 모든 화자는 시안詩眼으로 세상을 보려는 김광명의 시 세계에 부합한다.

"어지러운 발자국을 세고 또 세던,/한 무더기의 엄마들"이 형상화된 시인의 내면이라면 "어지러운 발자국"을 뒤따라 살피는 일은 독자의 역할일 것이다. "흔들어도 흔들리지 않는"(「뷰파인더」) 삶은 없다. 그들과 기꺼이 함께 흔들리기를 주저하지 않는 시인이라면 그가 만나는 모든 세상은 매번 두근거림으로 다가오지 않을까. 후회를 치료하는 새로운 첫사랑처럼 말이다.